Laufen wollte ich nie

Dirk Padberg

Laufen wollte ich nie

Zweite Auflage 2024
© 2024 Dirk Padberg
Verlag: BoD · Books on Demand GmbH, In de Tarpen 42, 22848 Norderstedt
Druck: Libri Plureos GmbH, Friedensallee 273, 22763 Hamburg
ISBN: 978-3-7597-7751-5

Dirk Padberg

Zu mir als Person. Geboren wurde ich 1969 in Hagen/Westfalen als zweites Kind eines multitalentierten Kraftfahrzeugmechaniker und einer Mutter, die für mich immer mit all ihrer Liebe da war. Zu meinen Hobbys zählten damals Motorsport, Fahrradfahren und Schwimmen. Was ich nicht mochte, war Leichtathletik. Weder in der Schule, noch im späteren Leben.

Laufen als Sport war somit in der Kindheit nie ein Thema für mich, so das es eigentlich zu diesen Erlebnissen nicht hätte kommen können. Dass ich dennoch einige der aus meiner Sicht schönsten Laufveranstaltungen nicht nur besuchen, sondern auch mitlaufen konnte, hätte ich mir nie vorstellen können. Aber so ist das Leben. Es verändert sich täglich und wir sollten immer versuchen es so gut wie möglich zu Leben. Die Erfahrungen und Begegnungen, die ich durch das Laufen gemacht habe, waren alle sehr wertvoll und haben mich zu einem glücklichen und dankbaren Menschen gemacht. Ich habe gelernt, dass es nie zu spät ist, etwas Neues auszuprobieren und dass man durch Ausdauer und Disziplin viel erreichen kann. Laufen hat mich gelehrt, dass ich meine eigenen Grenzen verschieben kann und dass es wichtig ist, auf sich selbst zu hören, um Verletzungen zu vermeiden. Außerdem hat mich das Laufen mit der Natur verbunden und mich gelehrt, die Schönheit der Umgebung bewusster wahrzunehmen und in schwierigen Zeiten nicht aufzugeben und weiterzumachen und durchzuhalten.

Ich bin dankbar für jede Laufveranstaltung, die ich erleben durfte und für jeden Laufpartner, der mich begleitet hat. Ich bin auch dankbar für jeden Moment, in dem ich meine Laufschuhe geschnürt habe und einfach losgelaufen bin, um meinen Gedanken freien Lauf zu lassen. Laufen ist für mich nicht nur ein Sport, sondern auch eine Art von Meditation und ein Ausgleich zum Alltag. Es wurde eine Leidenschaft, die mich immer begleiten wird. Und auch wenn es Momente gibt, in denen ich keine Lust habe oder es mir schwerfällt, motiviere ich mich immer wieder aufs Neue weiterzumachen. Denn am Ende ist es immer das Gefühl, das ich nach einem Lauf habe, das mich glücklich macht und mir zeigt, wozu ich fähig bin und was ich alles schaffen kann, und schon geschafft habe.

Inhaltsverzeichnis

Vorwort

Wie fängt man mit dem Laufsport an? Oder wie beginnt man, ein Buch zu schreiben? Eigentlich wusste ich beides nicht. Was das Laufen angeht, ich habe einfach ein paar alte Turnschuhe angezogen und bin im Fitnessstudio aufs Laufband gestiegen. Beim Tippen dieses Buches habe ich aus meiner Sicht nichts anderes getan. Laptop auf und losging es. Ich glaube, so mache ich es in meinem Leben immer. Einfach ran und los. Auf dem Weg kann ich immer noch korrigieren und die Fahrtrichtung verändern. In dem man etwas weiter nach links oder rechts geht, die Geschwindigkeit erhöht oder etwas Fahrt raus nimmt. Auch das komplette Stoppen des Vorhabens ist möglich.

Ob ich damit gerechnet habe, irgendwann einmal einen Zehn-Kilometer-Lauf zu schaffen? Oder einen Halbmarathon? Nein, ganz sicher nicht. Ob ich wirklich daran geglaubt habe, dass ich ein Buch schreiben und jemand es einmal lesen würde? Auch hier ein ganz klares Nein. Aber warum habe ich dann beides getan? Weil ich es wollte und ich versuche, in meinem Leben immer das zu tun, was mein Bauch mir sagt. In beiden Fällen hatte ich ein solches Bauchgefühl, ich musste es einfach tun.

Kann ich beides?

Tja, diese Entscheidung überlasse ich Ihnen. Sicher werde ich nicht auf dem ersten Platz in irgendeiner Bestenliste landen. Das war aber auch gar nicht mein Ziel.

Nun möchte ich mich erst einmal bei meiner Frau Christine und den Töchtern Katharina und Nadine bedanken. Warum? Weil man das „immer" so macht?

Ja, aber der Dank kommt in diesem Fall wirklich von Herzen. Es gab ein paar Geschichten, bei denen ich ihre Nerven mit Sicherheit strapaziert habe, aber davon mehr auf den kommenden Seiten.

Einleitung

Aufgewachsen bin ich auf dem Hof eines Firmenkomplexes, der im Familienbesitz war. Damals war es der Hauptsitz eines Lebensmitteleinzelhandelsunternehmens. Vor Ort waren Büros, Fuhrpark und Lager. Für Kinder wie mich ein riesiges Spieleparadies. Gerade in den ersten Jahren wurde ich sehr stark davon geprägt, dass es für Entfernungen von A nach B Fahrzeuge gab und es bei der Auswahl des passenden nur um den Komfort, die beförderte Ware oder aber um die Geschwindigkeit, also die minimalste Zeit ging, die zum Zurücklegen der Strecke erforderlich war.

Es war eine herrliche Zeit. Ich genoss es, mit den LKWs als „blinder Passagier" zum Supermarkt oder am Wochenende selbst mit dem ersten Auto über das Gelände zu fahren. Da war ich gerade mal zwölf Jahre alt. Insgesamt habe ich hier mit einem Nachbarjungen knappe 8.000 Kilometer gedreht und das immer im Kreis. Im Sommer ging es zum Motorsport an den Nürburgring. Das 1.000-Kilometer-Rennen auf der Nordschleife war jedes Jahr unser kindliches Highlight. Wir standen gerne am Flugplatz und konnten von dort wirklich viel von den Rennen verfolgen. Diese Zeiten im Wohnwagen waren immer klasse und prägten wohl ein bisschen meinen späteren Beruf als Außendienstler.

Fahrzeuge zu bewegen, habe ich mit der Muttermilch aufgesogen oder, wie man auch sagt, ich habe es im Blut. Auch die Logistik ließ mich in den Jahrzehnten nach meiner Kindheit nicht los. Von der Ausbildung an bis heute waren es immer die kleinen Sendungen im Brief- oder Paketbereich, um die sich mein Job drehte. Das daraus mal eine solche Lebensgeschichte werden würde, hätte ich nie gedacht. Aber das scheint mein Weg zu sein. Lassen Sie sich überraschen von dem, was ich in sehr kurzer Zeit alles, ja wirklich alles live erlebt habe.

1976 bis 1985

Laufen. ICH? Nie im Leben.

Anfang 2017 schweifte ich in Gedanken in meine Kindheit zurück. Ich dachte an den kleinen Dirk, der etwas Übergewicht hatte. Nicht viel, aber die überschüssigen Pfunde waren vorhanden. Es war für mich damals nicht einfach, einen wirklichen Freund zu finden. Zum einen war mein Gewicht daran schuld und zum anderen lag es daran, dass wir nicht direkt im Vorort wohnten, sondern etwa anderthalb Kilometer vom Ortskern entfernt.

Das war zwar nicht wirklich weit, aber bei meinem Zuhause handelte es sich um ein Firmengelände, auf dem viele LKW rein und rausfuhren. Dort wohnte ich mit meinen Eltern und zwei anderen Familien. Meine Eltern arbeiteten bei diesem Unternehmen, das damals der Familie gehörte. Michael Brücken, wie das Unternehmen damals hieß, war im Umkreis als Lebensmitteleinzelhandel sehr stark vertreten. Vor Ort war ich das jüngste Kind. Jeder kannte mich, das war damals normal. Um das Gelände zu verlassen, musste ich immer an einem Pförtner vorbei. Mal eben weg, tja, das ging nicht, jedenfalls nicht in den ersten Jahren. Ich war also von meinen Schulkameraden weitestgehend abgeschirmt.

Später war das kein Problem mehr. Ich konnte mit dem Fahrrad raus und eben den Berg rauf zu meinen Klassenkameraden. Meistens fuhr ich zu Jürgen. Jürgen und ich verstanden uns einfach gut und wir hatten auch etwa die gleichen Körpermaße. Radfahren durch die angrenzenden Wälder gefiel uns, mit BMX-Rädern, die damals gefragt waren. Und wir wurden dadurch sogar schmaler.

Einmal, als ich am späten Nachmittag von Jürgen kam, fuhr ich den Berg nach Hause herunter. Auf dem Gelände gab es, wie gesagt, einen Pförtner. Dieser machte für alle, so auch für mich, zum Durchfahren die Schranke auf. Ein Klingeln in Sichtweite reichte dafür aus. Zumindest dachte ich das. Ich betätigte die Klingel an meinem Rad und fuhr ungebremst weiter auf die rechte Schranke zu. Doch unser Pförtner hatte an diesem Tag einen neuen Kollegen zur Einarbeitung an Bord. Nervös betätigte dieser die Knöpfe und öffnete die linke Schranke. Fürs Bremsen war es zu spät und ich traf mit vollem Schwung auf die rechte Schranke.

Zum Glück bremste ich mit dem Bauch nur meine eigene Fahrt abrupt ab, nicht die meines Rades. Da ich die Beine nach links und rechts geworfen hatte, löste sich mein Rad unter mir und fuhr einfach weiter. Entsetzt kamen beide Pförtner aus dem Gebäude gestürzt, um sich sofort um mich zu kümmern. Zum Glück war mir nichts weiter passiert, mir fehlte nur die Luft zum Atmen. Mit den Armen hielt ich mich noch immer an der Schranke fest. Die beiden holten mich herunter und stellten mich auf die Füße. Entschuldigungen prasselten auf mich ein, dem neuen Pförtner war es so unangenehm, was ich heute verstehen kann. Damals dachte ich nur, wie doof ist der denn? Die Knöpfe für die Schranken konnte ja selbst ich schon bedienen.

Auch damals gab es schon Mobbing, es wusste nur keiner, dass es so heißt. In der Grundschule mussten wir beide, Jürgen und ich, da durch, wie man so schön sagt, und zwar allein, da wir auf verschiedene Schulen gingen. Ich weiß noch heute, wie ich auf dem Nachhauseweg mal so gemobbt wurde, dass mein eigener Tornister mich von hinten um schmiss und ich einen Rittberger machte. Nee, es war nicht einfach, immer von den „strammen Jungs" geärgert zu werden. Schön war aber, dass ich viele Male an der Grundschule von Jürgen vorbeikam und wir uns dann sahen.

Auf der weiterführenden Schule wurde es in den ersten Jahren auch nicht besser. Aber wir waren wieder zusammen und das war wirklich das Beste, was uns beiden damals passieren konnte. Gemeinsam waren wir stark und keiner traute sich so wirklich an uns ran. Vielleicht war es aber auch nicht nötig, denn schließlich war es eine weiterführende Schule und nicht mehr die Grundschule. Die anderen Kinder und auch wir wurden älter.

Im Sportunterricht machten uns allerdings weiterhin alle was vor. Wir japsten beim kleinsten Lauf und kamen auch beim Kugel werfen nicht so wirklich weit. Wir beiden „Sportskanonen der Leichtathletik" hätten eigentlich schon eine Medaille dafür verdient, dass wir anwesend waren.

Wir wollten nicht laufen und sind auch nicht gelaufen. Das ging so weit, dass unser damaliger Sportlehrer (in der Ausbildung) uns bei sommerlichen Temperaturen um den Sportplatz jagen wollte. Jürgen und ich sind dann gemütlich eine Runde im Spaziergangstil gegangen, kein Ding für uns. Oh, nie werde ich den

Gesichtsausdruck unseres Lehrers vergessen. Am Ende unserer ersten Runde kamen wir ganz gemütlich in seine Richtung. Ganz allmählich, Meter für Meter, verringerte sich der Abstand. Und mit jedem Meter, den wir näher kamen, veränderte sich seine Haltung. Unser Lehrer wurde immer steifer und dazu auch noch roter im Gesicht. Mann, was hat sich der Lehrkörper erst aufgepumpt und uns dann den Luftdruck entgegengeschrien. Jürgen und ich dachten in diesem Moment mit Sicherheit fast das Gleiche. Will der uns umpusten? Was hatte der ein Volumen in der Lunge, dass sein Körper das so mitmachte.

Ob wir sie noch alle hätten? Die Frage erschien uns wirklich sehr laut. Und weiter, wir sollten laufen, nicht gehen.

Wir kamen der freundlichen Luftdruckbitte nicht nach und „liefen" keine zweite Runde. „Wie schon gesagt, WIR LAUFEN NICHT", ließen wir ihn wissen.

Die Verständigung Lehrkörper ↔ Schüler war offensichtlich schwierig und Jürgen und ich entschieden uns für die Kommunikation auf gleichwertigem Lautstärkeniveau. Hätte ja schließlich sein können, dass er was mit den

Ohren hat und uns ansonsten nicht versteht. Zwischen uns lagen ja auch mindestens zehn Meter, da muss man doch lauter sprechen, oder? Ach, und hatte ich schon erwähnt, dass das Wetter sommerlich und der Platz weitläufig war, es also keinen Wind und Schatten oder so etwas in der Art gab? In diesem Moment waren wir die Helden der Tartanbahn. Wir waren diejenigen, die sich gegen unseren Sportlehrer stellten und nicht umfielen. Mann, war das cool. Unsere „Arbeitsverweigerung" sollte, so schallte es uns um die Ohren, beim Direktor oder unserem Klassenlehrer landen, der gleichzeitig auch Konrektor war, und dann... dann würden wir schon sehen. Eigentlich tut mir der Lehrer heute leid. Wir meinten es nicht böse und hatten eigentlich auch Respekt gegenüber Lehrern. Aber Laufen, SPORT ... Nö, das war nicht unser Ding. Wir spielten damals im Sportunterricht viele nette Spiele wie Feuerball oder Brennball. Und ja, ich wurde immer als vorletzter ausgewählt. Nach mir kam nur noch der Streber dran, was ja irgendwie ironisch ist. Es ist halt wie im echten Leben. Leistung, Leistung und nochmal Leistung sind gefragt.

Manches war für uns kein Problem, das Zirkeltraining machte sogar Spaß. Hier ging es aber nur um ganz kurze „Mini-Sprints", nichts wildes, machbar, auch für uns beide. Was nicht ging, waren Bundesjugendspiele, Leichtathletik, also laufen, werfen und springen. Aus meiner damaligen und auch heutigen Sicht wurden wir gezwungen, etwas zu tun, das wir nicht wollten. Eigentlich finde ich es schade, dass wir solchem Zwang ausgesetzt wurden, ohne dass uns jemals jemand wirklich gezeigt hätte, wie es geht. Ja, sicher, laufen kann jeder. Geradeaus, vor den Schrank, aber, ohne dass es nach fünf Metern in der Hüfte weh tut? Als Schüler war damals keine Hilfe zu bekommen. Sprints und dann wieder Gehphasen, dazu Versuche, richtig zu atmen und ohne Luftnot weiter als 50 Meter zu kommen. Heute wird es wahrscheinlich nicht besser sein als damals. Das Lehrpersonal hat noch weniger Zeit, sich um die Schüler zu kümmern, und falls doch fehlt der Respekt heute mehr als zu unserer Zeit.

Zu unserer Zeit jedenfalls waren wir auf uns allein gestellt. Wie sollte ich Gefallen an den Bundesjugendspielen finden, wenn ich nach fünf Minuten die Tür des Sauerstoffzeltes aufdrücken und erst mal nach Luft schnappen musste? Spaß. Genau das war es, was hier komplett fehlte. Es gab kein Lob, wenn wir Übergewichtigen unsere Leistung steigerten, wenn es nur ein Meter mehr gewesen wäre, es hätte mein Selbstbewusstsein in sportlicher Hinsicht gestärkt. Es blieb dabei. Bei der Verteilung der Urkunden nach den „Spielen" trat die Ernüchterung ein: Jürgen und ich bekamen keine. Wir haben nie eine Urkunde bekommen und daran kann ich mich noch sehr gut erinnern. Nein, lieber Leser, auch ein Fehldruck war nicht dabei.

Was wir machten, war intensiv BMX-Radfahren. Angefangen hatte das Ganze bei mir einem Rad von Karstadt. Was war ich stolz darauf! Doch nach den ersten Sprüngen war schon der Bolzen, der den Tretarm hielt, defekt. Na super, also wieder hin zu Karstadt und es war fast nicht zu glauben, aber mein heiß geliebtes Rad war für zwei Wochen weg.

Nach gefühlt einem Jahr (es waren tatsächlich genau zwei Wochen) war mein Rad repariert wieder da. Hey, ab nach Hause und am nächsten Nachmittag wieder üben. Sprünge und, ganz wichtig, auf den Pedalen stehen und durch Hochspringen beide Räder in die Luft bringen. Das klappte schon ganz gut, nur war der Bolzen gleich wieder defekt. Also wieder zwei Wochen warten. So ging es ein paar Mal hin und her, bis, ja, bis das Rad bei Karstadt blieb, meine Mama das Geld zurückbekam und ich ein neues Rad mit durchgehendem Arm (ohne Bolzen) bekam. Damit war dann auch endlich alles möglich, was man mit einem BMX-Rad machen wollte. Ich lernte immer mehr Tricks, auch wenn ich nie der beste BMXer war. Jürgen, die anderen Kumpel und ich fuhren jeden Tag, egal bei welchem Wetter. Sonne, Regen und auch Schnee, egal. Gesprungen wurde auf unserem Hausberg, auch Matschberg genannt.

Der Name des Bergs war Programm. Im Sommer Staub ohne Ende und bei Regen Matsch. Was haben wir uns hier die Knie, Hände und andere Körperteile aufgeschlagen. Das Gefühl, oben auf dem Berg mit dem Vorderrad direkt an der Kante zu stehen, die staubige Strecke mit ihren Senken und Hügel vor sich zu sehen. Dann der erste Tritt in die Pedale. Du spürst den zunehmenden Wind im Gesicht, das Rauschen an den Ohren. Du trittst nochmal zusätzlich in die Pedale, um noch mehr Schwung zu bekommen. Dann die erste Senke, dein Körper wird nach unten gedrückt, um im Bruchteil einer Sekunde durch den darauffolgenden Hügel in die Luft abzuheben. Der ganze Körper vibriert. Mein allererster Sprung überhaupt. Ich bin komplett in der Luft. Sekunden fühlen sich an wie Minuten. Alle Kumpel schauen zu, das weiß ich. Ich spüre ihre Augen in meinem Rücken. Dann die harte Landung, mein Körper wird extrem gestaucht. Ich rutsche vom rechten Pedal ab, kann mich nicht mehr halten und fliege im hohen Bogen auf die Fresse. Der Staub der Piste umschließt mich komplett. Meine rechte Hand ist blutig, ich habe sie als zusätzliche Notbremse benutzt. Keiner der Kumpel ist da. Ich richte mich langsam auf, bleibe aber noch etwas benommen sitzen. Hoch, Dirk, du musst aufstehen. Ich drücke mich mit der linken Hand ab und stehe auf. Puh, das Blut pulsiert in meinem Kopf. Dong, Dong, Dong. Die Hand tut weh.

Gleich die nächste wichtige Frage: Wie geht es meinem Bike? Vorderrad und Lenker passen gerade nicht zueinander, dass kann ich aber schnell richten. In diesem Moment kommen alle meine Kumpel von oben zu mir heruntergefahren. Alle fragen, ob alles okay ist, wie es mir geht. Das baute mich an diesem Tag extrem auf. Dieser Sog beim Hinabstürzten mit dem Rad, das war mein Gefühl in der Jugend. Adrenalin in der Blutbahn ist nicht immer von Vorteil. Hier und da kam auch ein Wettkampf hinzu. Auf der Crossbahn. Wir waren das erste Mal so wirklich cool. Selbst auf dem Marktplatz bei uns durften wir eine Halfpipe aufbauen. Alles ganz legal und genehmigt vom Oberbürgermeister. Wenn ich heute die Zeitung aufschlage und lese, dass in einem Park bei uns solche Anlagen nicht gebaut werden dürfen, weil sich jemand beschwert hat, dann bin ich extrem fassungslos. Warum nicht? Anscheinend ist es besser, wenn die Jugendlichen heute in ihren Zimmern zocken oder anderen Blödsinn veranstalten. Sicherlich machen Jugendliche beim Sport auch mal Krach. Aber das finde ich besser, als wenn sie sich gegenseitig auf der Straße bekämpfen, ältere Personen nötigen oder, oder, oder?

Aber zurück zu uns damals.

Bundesjugendspiele, Schwimmen. Hier konnten wir punkten. Ja, jetzt bekamen wir sogar hier und da mal eine Siegerurkunde. Heute, so habe ich festgestellt, gibt es auch eine Teilnehmer-Urkunde. Das finde ich toll, auch wenn ich persönlich sagen muss, es hat mir nicht geschadet, keine Sieger- oder Ehrenurkunde erhalten zu haben. Ganz im Gegenteil, es macht, glaube ich, auch ein Stück eigenständiger, wenn man nicht alles wie die anderen kann und bekommt. Ich habe daraus sehr viel für das spätere Leben gelernt, auch für das viel spätere Laufen.

Wenn ich mir heute, Anfang 2017, ansehe, was mit mir passiert ist, muss ich schon schmunzeln. Heute, mit knapp 48 Jahren und fast drei Jahren Lauferfahrung, ist es schon ein „DICKES DING", wie es dazu kam, dass ich vier Paar Laufschuhe (es sind eigentlich fünf Paar, aber es könnte sein, dass meine Frau das Buch mal liest :-)), diverse Laufhosen, Jacken für nicht schönes Wetter, kaltes Wetter, sehr kaltes Wetter, Oberteile Kurzarm, Langarm kaufte. Ach ...? Du kennst das? Na dann bist du hier richtig und ich wünsche dir viel Spaß beim Weiterlesen. Interessanterweise kommen in allen Facebook-Gruppen, in denen ich Mitglied bin, immer wieder die gleichen Fragen auf:

- **Wie habt ihr euch auf einen 5-km-, 10-km-Lauf, Halbmarathon oder Marathon vorbereitet?**
- **Welche Trainingspläne habt ihr genutzt?**
- **Mit welchen Schuhen lauft ihr?**

Was ich daran interessant finde? Es scheint doch noch sehr viel mehr „Läufer" zu geben, die trotz Schulsport nicht wissen, wie man richtig läuft. Ist das nicht erschreckend? Wir wissen nichts über das, was wir seit dem Neandertaler gelernt haben könnten. Sicher, wir haben heute andere Möglichkeiten, aber dazu komme ich später noch.

Zurück zur Schulzeit. Wie für so viele war es auch für mich im Nachhinein eine schöne Zeit. Wir entwickelten uns weiter und unternahmen vieles gemeinsam. Für Jürgen und mich war es die Zeit mit dem BMX und danach natürlich mit dem Mofa. Leider verlieren sich viele Schulfreunde irgendwann in der Zeit der Ausbildung aus den Augen. Und so war es auch bei Jürgen und mir.

Jahre später rief Jürgen mich zu meiner wirklich großen Verwunderung im Büro an. Sicherlich hatten um das Jahr 2005 das Internet und Google auch in unser Leben Einzug gehalten, aber bei Weitem noch nicht in dem Maß wie heute.

Nun hatte ich meinen lieben „alten" Schulkameraden am Telefon und wir tauschten uns über alles aus, was wir in den letzten Jahren so gemacht hatten. Ich wusste noch, dass er Schreiner gelernt hatte. Danach hatte Jürgen umgeschult und jetzt arbeitete er bei der Stadt. Wow, Hut ab. Meine Büronummern hatte er von einem Schulkollegen bekommen, der teilweise im gleichen Unternehmen tätig war wie ich. Wir wollten uns wirklich mal wieder sehen und in den nächsten Wochen einen Termin abstimmen.

Wie das Leben so spielt, traf ich einige Wochen später einen anderen Schulkameraden und was ich dann hörte, war nicht wirklich schön. Jürgen war gestorben. Gerade mal 35 Jahre alt ist er geworden. Ehrlich gesagt, kann ich es immer noch nicht fassen, dass Jürgen mit seinem Motorrad verunglückt ist. Er war mit ein paar Freunden per Zug nach Polen gefahren, um dort eine geführte Tour zu machen. Die schnelle Vermutung war natürlich: Unfall. Aber weit gefehlt. Jürgen ist auf gerader Strecke einfach mit dem Motorrad von der Straße abgekommen. Er war wohl sofort tot. Die Untersuchungen am Motorrad zeigten keine Besonderheiten oder Mängel. Man stellte fest, dass er an einem Herzinfarkt gestorben ist. Ich war fassungslos. Nach Jahren hatten wir wieder Kontakt und wollten uns treffen.

Das haben wir nicht mehr geschafft, aber, ALTER, ich denke oft an dich und unsere Zeit. Mach dir keinen Kopf, wir sehen uns wieder im nächsten Leben. Dann fahren wir Motorrad oder wir laufen zusammen um die Wette. Versprochen.

In stillen Gedenken an Jürgen.

1989 bis 2004

Das Laufen klappte auch später nicht

In den folgenden Jahren, nennen wir sie mal die „normalen" Entwicklungsjahre eines Teenagers, konzentrierte sich meine Interesse mehr darauf, vom Mofa zum ersten Auto zu gelangen. Sicherlich kennst du das Gefühl. Hey, 18 und endlich alleine fahren. Zu dieser Zeit lernte ich meine erste Frau kennen. Es dauerte nicht lange und wir waren zu dritt. Da mir das Laufen damals nicht lag, war mir auch das „Weglaufen" eher fremd und ich stellte mich meiner Verantwortung. Damals hatte ich ja keine Ahnung, dass ich hier einen zukünftigen Leichtathletik-Fan kennengelernt hatte, der nur die zur damaligen Zeit gleichen Entwicklungsjahre durchmachte wie ich.

Unsere Tochter wurde geboren. Wir waren eine kleine Familie mit allen Hochs und Tiefs, die dazugehören. Da waren wir Anfang zwanzig, in einer Lebensphase also, in der man noch nicht wirklich etwas vom Leben weiß, aber alles kann oder können müsste. Hinzu kam, ich oute mich mal, dass ich rauchte und sie nicht. Ich versuchte (aus heutiger Sicht allerdings nicht wirklich), vom

Rauchen wegzukommen. Ich fuhr wieder Rad, versuchte sogar mal, „Runden" um den örtlichen Sportplatz zu drehen, das Letztere sogar unter den geübten Augen der Gattin. Ohne Übertreibung kann ich sagen, es brachte nichts. Genau wie zur Schulzeit war mein läuferischer Erfolg geprägt von „ich bekomme keine Luft mehr" sowie Seitenstichen und Sticheleien seitens der Gattin.

In den nächsten Jahren, die Tochter konnte gerade laufen, nahm meine Gattin Unterricht, um Schüler im Verein trainieren zu können. Gefühlt waren wir in den Sommermonaten an jedem Wochenende auf den Sportplätzen der Region. Entweder, weil meine Frau selbst Wettkämpfe bestritt oder die Schüler. Es gab hier so einige Höhepunkte. Für mich waren das allerdings keine wirklichen Highlights, sondern eher verlorene Wochenenden, während denen wir von der Sonne gebrutzelt und von der einen oder anderen Mücke gestochen wurden.

Es wurde Herbst, der Winter kam und somit gab es keine Wettkämpfe mehr. Pause? Weit gefehlt, es gab ja Sporthallen. Mann, war ich enttäuscht im ersten Jahr, nix mit Pause von den Sportplätzen. Es wurde sogar noch schlimmer. Mücken und Wärme, die mich im Sommer gestört hatten, waren überhaupt nicht zu vergleichen mit den Sporthallen. In den meisten Hallen stank die Luft nach allem, was ich nicht sehen oder anfassen möchte. Dann doch lieber Sommer.

Auch in diesen Jahren hatte ich immer mal wieder das Ziel, mit dem Rauchen aufzuhören und mehr Sport zu treiben. Warum können das alle anderen und du nicht? Fragte ich mich öfter. Verstanden habe ich es damals nicht. Da meine Abneigung dem Laufen gegenüber auch in dieser Zeit noch weiter zunahm, ist es eigentlich wirklich ein kleines Wunder, was später mit mir passieren sollte.

Wir waren jung und hatten wenig Erfahrung. Ja, Mensch, da bin ich doch ehrlich genug, um zuzugeben, dass nicht nur einer schuld daran war, dass die Ehe scheiterte. Nee, ganz und gar nicht, wenn es gelingt oder auch schiefgeht, liegt es immer an beiden.

2012 bis 2014

Mein Traum.
Wie alles begann (I have a Dream)

Dem aufmerksamen Leser wird es nicht entgangen sein: In der darauf folgenden Zeit, wollte ich vom Sport nichts mehr wissen. Es war auch so eine sehr interessante, ja spannende Zeit. Trennung und Scheidung, kennenlernen, lieben lernen, heiraten, glücklich und zufrieden sein füllten mich sehr stark aus. Yes, immer noch mit dem Rauchen inklusive.

In dieser Zeit probierte ich viele Hobbys aus, Modellbau, Tanzen, auch Radfahren war wieder dabei. Anfang 2012 passierte dann etwas, das mich bis heute berührt und mir irgendwie den Weg in die Gegenwart gewiesen hat.

Ich wachte morgens auf. Bis hierhin ist das nichts Schlimmes, aber an diesem Morgen konnte ich mich an meinen Traum erinnern. Ich muss hinzufügen, dass das bei mir sehr selten vorkommt. Im Traum war ich zu Hause losgelaufen und dann einmal um den Harkort,- und den Hengsteysee. Im Lauftempo wohlgemerkt. Und das hatte sich nicht, wie man annehmen sollte, wie ein ALPTRAUM angefühlt, sondern war eher ein wirklich schönes Gefühl. Ja, fast schon mit Wärme im Inneren. Komisch. Ich lag und auch das ist für mich ungewöhnlich, noch ein paar Minuten im Bett und dachte über diesen Traum nach. Ich? Laufen und dann nicht nur um einen See, nee, wenn schon dann um beide. Na klar. Im Leben nicht, aber danke für den Hinweis, einen wirklich schönen Traum und das tolle Gefühl am Morgen. So und nun mal raus aus den Federn, Kaffee und die erste Zigarette. Lasset den Tag beginnen.

Ich hätte damals noch nicht einmal grob sagen können, wie lang eine Runde um beide Seen ist. Nicht mal die Strecke um einen der Seen hätte ich annähernd schätzen können. Heute weiß ich, dass ein Lauf um beide Seen etwa der Halbmarathondistanz entspricht. Es hängt davon ab, wie herum man läuft und welche Abzweigung man nimmt.

Kurz nach den Sommerferien 2014 kam ein Tag, der so viel in meinem Leben ändern sollte, dass ich ihn bis heute als einen der wichtigsten in meinem Leben bezeichnen möchte. Ich spreche vom bedeutendsten Tag meiner bis heute anhaltenden Laufgeschichte. Meine liebe Christine kam nach Hause und wie es manchmal so ist, wurde ich innerhalb von zwei Minuten (gefühlt zehn Sekunden) gefragt, ob ich zu einem Nichtraucherseminar mit Hypnose mitkommen wollte. Sie hatte sich bereits mit zwei Arbeitskolleginnen angemeldet.

Als ich kurz nachdachte, war es für sie schon klar. „Okay, dann bleib du mal schön zu Hause. Hab ich mir gedacht, dass du nicht aufhören willst."

Hoppla! Hallo, ich möchte doch nur eine „kleine" Chance haben, darüber nachzudenken. Uiuiui, da war aber mal direkt der Boden aus dem Fass. Keine Chance mehr. Na gut, dann bleibe ich eben zu hause und gut ist. Geschickterweise bekam ich dann die E-Mail des Seminarinstituts, ganz zufällig halt. Also meldete ich mich kurzerhand nachträglich an und wir waren alle vier zusammen dort.

Der Ehrlichkeit halber muss ich sagen, dass ich nicht an die Methode glaubte. Dafür gab es zwei Gründe. Erstens: Ich bin ein Mann. Und Männer kann man nicht so einfach in Hypnose versetzen, wo sind wir denn. Zweitens: Ich rauchte schon gerne und mehr als meine Christine. Tja, der Mensch, also ich, ist schon komisch. Trotz allem hat es zweifellos geklappt, und zwar beides. Es war aber auch nicht so, dass ich nach der Hypnose aufwachte und alles zum Thema Rauchen war direkt vergessen. Ganz im Gegenteil. Genau wie jeder andere hatte ich meine Abläufe im Kopf und immer wieder sagte etwas in mir: „Hallo? Und wo ist die Zigarette?" Ein Beispiel? Kein Problem. Beruflich fuhr ich zu dieser Zeit vielfach die A2 von Dortmund nach Hannover. Etwa auf der Hälfte der Strecke gab es einen Parkplatz mit Toilette. Hier hatte ich immer gehalten, eine geraucht und dabei natürlich noch kurz die E-Mails gecheckt. Nach ein paar Minuten bin ich weitergefahren. Es war schon komisch, dass ich weiterhin, fast reflexartig, diesen Parkplatz anfuhr, obwohl ich nicht mehr rauchte. Bis ich mich daran gewöhnte, an dieser Stelle weiterzufahren, dauerte es schon ein bisschen. Zum Glück hatte ich kein Problem damit, wenn andere in meinem Beisein rauchten. Eine andere Folge kam jedoch durchaus auf mich zu und damit bekommen es fast alle neuen Nichtraucher zu tun. Ich nahm einfach mal so zehn Kilo zu. Super, der Gürtel spannte und nichts passte mehr richtig. Wenn nun jemand sagte „Da kannst du dir doch direkt was schickes Neues kaufen von dem Geld, das du nicht mehr fürs Rauchen ausgibst?", fragte ich mich schon, wo das Geld denn geblieben war. Vielleicht ging es für mehr Essen drauf. Da bin ich mir sogar sehr sicher, denn bis heute, drei Jahre später, habe ich nicht mehr als vorher in der Tasche. Du kannst mir aber glauben, das ist sowas von egal. Du wirst mich verstehen, wenn du Raucher warst und deine ersten Läufe mit Zeitnahme, Medaille und Urkunde hinter dir hast. Jedenfalls ist es für mich jedes Mal ein GLÜCKSGEFÜHL, doch jetzt lies einfach weiter

Erfahrungen

Diese frühe Lauferfahrung hat mich über 30 Jahre begleitet. In der Schulzeit hatte mir niemand erklärt, wie man läuft, daher hielt sich meine innere Abneigung gegen das Laufen auch in späteren Jahren.

B2Run Berlin 2014

Mittwoch, 03.September 2014

Finale der B2Run-Läufe 2014. Für diejenigen, die dieses Lauf-Event nicht kennen: Es handelt sich um Veranstaltungen, bei denen Mitarbeiter und „Chefs" in ganz Deutschland über kurze Distanzen gemeinsam laufen. Ziel ist es, mit Spaß ins Ziel zu kommen und als Mannschaft den Titel „bester Chef", „bestes Team" oder „beste Firma" des Jahres zu werden.

Ich hatte von solchen Titeln noch nie etwas gehört. Woher auch, ich war ja kein Läufer. Da mein Arbeitgeber zu dieser Zeit aber noch seinen Hauptsitz in Berlin hatte, waren wir Vertriebler wegen eines Meetings für zwei Tage in der Stadt. Einige meiner Kollegen, sowohl aus dem Innen- als auch dem Außendienst, hatten sich beim B2Run angemeldet. Und so kam es, dass ich zum ersten Mal bei einer solchen Veranstaltung im Olympiastadion in Berlin dabei war – und mit einigen anderen Nichtläufern auf der Tribüne die Taschen bewachte.

Es war Anfang September und das Wetter war noch mild und sonnig. Ach, was war das angenehm, NUR zuzusehen. Eigentlich war es aber auch etwas langweilig, da wir nur beobachten konnten, wie die Läufer auf den letzten Metern ins Ziel trabten. Hätte mir an diesem Tag jemand gesagt, dass ich ein Jahr später selbst hier laufen würde, ich hätte ihn beim Ausdrücken meiner Zigarette ausgelacht und auf meine nicht vorhandenen Laufschuhe verwiesen.

Was dann aber knapp zwei Monate nach der letzten Zigarette kam, war ganz und gar nicht schön und mit Sicherheit nicht von mir bestellt. Hüftgold konnte ich nun wirklich nicht gebrauchen. Wo war das Rücksendeetikett dafür???

Na toll, gesund leben, dafür aber mehr Kilos auf der Waage und am Körper. Hallo, Körper, lass das, sonst gibt es nichts Süßes und keine Chips mehr. Ach, das ging ja auch nicht. Da war so ein kleines Geräusch, ein Ruf… „Nimm mich, ich bin lecker." Nun denn, dann musste halt Sport her. Ab ins Fitnessstudio und rann an die Crosstrainer, Muskelaufbaumaschinen und was es sonst noch so gab. Um das Laufband machte ich unbewusst einen Bogen. Na ja, es war wohl doch eher bewusst, so nach dem Motto: Kannst du eh nicht.

An einem Sonntag hatte ich um 06.00 Uhr bereits längere Zeit auf dem Crosstrainer trainiert, immer schön mit dem Blick Richtung Laufband. Das Studio war fast leer. Warum ich mir das um die Uhrzeit antat? Nicht, weil es dann so schön leer war, das Selbstvertrauen habe ich, mir darüber keine Gedanken machen zu müssen. Ich hatte an diesem Morgen meine Familie sehr früh zum Bahnhof gebracht und wer dann schon mal wach war, konnte auch trainieren, oder?

Was mich damals sehr wunderte: Mein Körper gab mir an diesem Morgen nicht durch Seitenstiche oder Luftmangel zu verstehen: „Hey, lass das mal." Nach knapp einer Stunde wollte ich es daher noch einmal wissen: Ich wollte laufen. Und zwar auf dem Laufband. Meine „innere Stimme" war bereits am Lachen. „Wird eh nichts, mach dir doch keine Hoffnung, dass es gerade jetzt was wird. Lass sein den Quatsch." Sicher erwähnte ich bereits, dass ich einen, na, nennen wir es mal kleinen Dickkopf habe. Wenn ich mir etwas einmal in den Kopf gesetzt habe, mache ich es auch. Also ging es auf das Laufband. Schön, und nun? Das Programm oder was sollte ich hier einstellen? Jemanden fragen ging nicht, dazu war es noch zu früh. Okay, also das Programm einstellen. Es dauerte ein paar Augenblicke und das Monster von Laufband bewegte sich. Hoppla, es wurde schneller und schneller. So schnell, dass ich kaum noch mitkam. Wiederum ein paar Momente später stellte ich fest, dass ich vermutlich besser alles manuell einstellen sollte. Schließlich surrte das Laufband in einer angenehmen Geschwindigkeit vor sich hin. Ich schaffte die ersten Minuten ohne körperlichen Zusammenbruch und brauchte auch kein Sauerstoffzelt.

Nach knapp einer Stunde blickte ich auf den Kalorienvernichtungszähler und war erstaunt! Die Verbrennung war viel höher als beim Crosstrainer. Was allerdings weh tat, waren meine Füße. Sie fühlten sich an, als hätten sie in einem Schraubstock gesteckt.

Am nächsten Tag berichtete ich Christine von meinem Erlebnis und noch ein paar Tage später war ich auf dem Weg zum Sportgeschäft in der City. Die Beratung war gut. Direkt im Geschäft ging es ab aufs Laufband und, schwups, hatte ich meine ersten Laufschuhe inklusive Hose, Shirt und Jacke gekauft, alles farblich aufeinander abgestimmt. Auf ging es ins Studio und, hopp, wieder aufs Laufband. Drei Minuten später war ich wieder in der Umkleide. Die Fußschmerzen waren schlimmer als mit meinen alten Schuhen.

Also wieder hin, ins Sportgeschäft, und mit dem nächsten Paar zum nächsten Versuch. Das wiederholte sich ganze dreimal. Mehr Auswahl hatte das kleine Sportgeschäft der großen Kette nicht, dafür aber einen Tipp. Im Nebenort gab es ein viel größeres Sortiment.

Das Wochenende kam und wir waren da. Nun hatte ich Glück, ein Mitarbeiter eines Herstellers war in der Filiale. Nach einer noch besseren Videolaufanalyse von mehreren anderen Herstellern suchte er Schuhe für mich aus. Extrabreit, sodass ich nicht mehr im Schraubstock steckte. Auch sollte ich, wenn es finanziell passte, zwei Paar Schuhe kaufen. Nicht unbedingt die gleichen, aber zwei. Die Regenerationszeit von Laufschuhen liegt bei etwa 48 Stunden. Wenn ich also heute laufe und morgen wieder möchte, habe ich eventuell ein Problem. Vollbepackt mit drei Paar Laufschuhen, meine Christine hat auch ein Paar bekommen, verließen wir das Geschäft und ich bin wirklich heute noch froh, diesen Doppelkauf getätigt zu haben. Nicht nur wegen der Schuhe, nee, mehr wegen der kleinen, aber wichtigen Informationen über Laufschuhe.

Was nun allerdings nicht mehr passte, waren die Farben. Was lernt man daraus? Es ist egal, welche Farbe die Schuhe haben, sie müssen passen!

Nochmal Berlin

Mittwoch, 25 März 2015

Da ich in meinem Umfeld keinen Läufer kannte, aber im Kollegenkreis ganz gut vernetzt war, konnte ich mich Ende November 2014 über eine App mit einem Kollegen verbinden. Mann, war ich stolz, 50 bis 60 Kilometer gelaufen zu sein. Ja, okay, im Monat, nicht in der Woche. Eigentlich lohnte es sich für mich damals fast nicht, mich umzuziehen, bevor ich loslief. Es war Herbst, fast Winter und bei der Zwiebeltechnik dauert es halt, bis alles richtig sitzt.

Dann kam der erste längere Lauf mit meinem Kollegen. Wir hatten uns nach dem nächsten Meeting in Berlin verabredet, am zweiten Tag in der Stadt, um 06:00 Uhr. Eine kurze WhatsApp von mir an meinen Kollegen: „Hey, bin wach und warte unten." Kaum war ich unten angekommen, ging auch schon die Fahrstuhltür auf und da war er. Wir hatten beide sehr wenig geschlafen. Berlin lag noch in der Dunkelheit der letzten Nacht. Es war kühl und noch nicht so hektisch, aber die Stadt war im Begriff, zu erwachen.

Nach ein paar Dehnübungen liefen wir an der Urania langsam los. BERLIN, ich komme! Dachte ich. 500 Meter später fühlte ich alles! Meine Beine, meine Lunge und auch mein Kopf sagten mir: „Warum läufst du? Hättest auch schlafen können, du Blödmann." Was aber sagte mein Kollege? „Komm, da geht noch was. Bis zur nächsten Ampel. Das Schönste nach dem Duschen ist das Frühstück." Na, danke! Die nächste Ampel war mindestens, ach, wenn nicht noch weiter, weg. Unerreichbar für mich, jedenfalls im Laufschritt. Essen? Ja, das würde ich nachher tun, bis das Hotel die Frühstückszeit beendete.

Ich schleppte mich an der CDU-Zentrale vorbei in Richtung Brandenburger Tor. Es wurde langsam heller. Wunderschön. Und was machte mein netter Kollege? Wenn ich nicht mehr konnte, lief er um einen Laternenpfahl oder haute noch mal eben auf einem anderen Weg in den Park ab, wenn ich ihm zu langsam war. Er war nie weg, immer bei mir und auch wirklich aufbauend, aber es war frustrierend für mich. Reichstag, Siegessäule und wieder zurück Richtung Hotel. Ich glaube, dass es für alle Läufer ein Foto gibt, das für sie persönlich DAS Foto ist. Für mich ist es genau das von meinem Kollegen gemachte Foto vor dem Brandenburger Tor. Die Stadt

erwachte langsam und die Sonne kam und
strahlte uns beide an.

Was hab ich damals gelitten. Über sieben
Kilometer. Sicher, es gibt viele Fotos und auch
Videos von Lauf-Events (ich hab da so einen Tick)
und warum auch nicht? Wenn ich mal alt bin und
nicht mehr laufen kann oder will, dann werde ich
sicher gerne meine Fotos und Videos ansehen.
Vielleicht mit den Enkelkindern in Laufschuhen.
Mal sehen.

An diesem einen Morgen hatte ich wieder was gelernt. Ja, man kann zusammen laufen und es hat mir auch wirklich viel Spaß gemacht, aber letztlich läufst du immer nur für dich und gegen dich. Wie es meinen Kollegen ging? Gesagt hat er, das alles okay war. Warum sollte ich daran zweifeln? Nö, da sind wir beide zu ehrlich zu uns selbst. Interessanterweise habe ich aus diesem verzweifelten Versuch, mitzuhalten, viel gelernt.

1. Laufe nur dein Tempo.
2. Lass dich nicht aus der Ruhe bringen, das Ziel kommt schon.
3. Wenn nichts mehr geht, dann geh halt langsam weiter und laufe wieder los, wenn es geht.
4. Du läufst nur gegen dich, IMMER.

Nach diesen Erfahrungen meldete ich mich ganz spontan für den kommenden B2Run-Lauf im September 2015 im Berliner Olympiastadion an. Netterweise wurden die Kosten komplett von meinem Arbeitgeber übernommen und da wir gerade mal März hatten, war ja noch ewig Zeit zum Trainieren. Und das sollte man dann auch tun! Tja, ich tat es nicht so wirklich. Ja, ich bin hier und da mal gelaufen, auch mal 4 bis 6 Kilometer, aber immer ohne einen Hauch von Ahnung, was man wie machen sollte.

Erlebnis Ägypten 2015

Sharm El Sheikh im April 2015

Während unseres Urlaubs in Sharm El Sheikh, Ägypten, drehte ich die eine oder andere Runde außerhalb des Hotels. Im April ist es morgens zwischen fünf und sechs Uhr schon hell und das Beste war, dass um diese Zeit auf den Straßen nur ein paar Taxen unterwegs waren. Also hatte ich viel Platz, es war noch nicht warm und wirklich schön.

Als Europäer musste ich mich daran gewöhnen, dass das Militär alle 500 Meter einen bewaffneten Wachposten abgestellt hatte. Da ich von Natur aus sehr offen bin, lief ich direkt mit einem „Good Morning" an den Posten vorbei. Den einen oder anderen weckte ich damit fast auf, es war ja nichts los auf den Straßen und meine Laufschuhe machen selbst bei meinem Gewicht nicht wirklich Krach. Am zweiten Tag begrüßte mich der Wachmann bereits mit einem Winken und mein „Gooood Morning" wurde, glaube ich, gern erwidert.

Interessanterweise entdeckt man als „Läufer" gerade in diesen Momenten Sehenswertes.

Eigentlich hätte ich es meiner Christine nicht erzählen sollen, aber ich hatte ein Outlet Center gefunden, das von der Baustruktur her von griechischen Architekten entworfen sein könnte. Da wir aber beide nicht die Shopping-Queens sind, war es erst für den Abend gebucht. Es war wirklich schön, mal etwas anderes zu unternehmen, als immer wieder auf den Basar zu laufen.

Warnen möchte ich trotzdem

Auf meinen Runden kam ich ein paar Mal in „bebaute" Gebiete, in denen es aber offenbar keine Menschenseele gab. Außerdem sind, ob nun in der Türkei, in Spanien, Italien oder halt hier in Ägypten, eine ganze Menge streunende Hunde unterwegs. 99,9 Prozent bleiben, wo sie sind, und man geht sich mit gegenseitigem Respekt aus dem Weg. Dieser Hund hatte aber anscheinend Hunger oder was auch immer. Er lief auf mich zu und knurrte und bellte mich an. Die Augen und der ganze Körper des Hundes sprachen eine sehr, sehr eindeutige Sprache. Ich konnte fast hören, was er dachte: „Du, Läufer, bist jetzt dran."

Oh, oh ... Ich blieb kurz stehen. Als der Hund auf etwa fünf Meter an mich herangekommen war, machte ich einen großen, festen Schritt in seine Richtung. Mein linker Fuß machte richtig „Patsch" auf der Straße. Der Staub flog hoch, der Hund nahm (zum Glück) Reißaus und ich konnte ohne Probleme weiterlaufen. Dachte ich.

Ein Taxi kam um die Ecke und suchte Kundschaft. Dieser Driver hatte wohl noch nie einen Touristen gesehen, der um diese Uhrzeit zu Fuß ins Hotel lief. Erkennbar sind wir Touristen ja alle sehr gut am Bändchen um den Arm. Das Fenster auf der Fahrerseite war offen und schon ging es los. „Taxi?" Nachdem ich mehrfach „Nö" und „Nein" gesagt hatte, fuhr er weiter und ich hatte meine Ruhe. Also ab um die nächste Ecke an der ägyptischen Bäckerei vorbei. Hätte mich nicht im Hotel das Frühstück erwartet, ja, ich hätte mir hier auch ohne Aufsicht des deutschen Gesundheitsamts ein Fladenbrot frisch aus dem Ofen gegönnt. Mein Lauf ging dann an den Strandliegen am Meer vorbei, Katzen inklusive. Katzen haben ja zum Glück nichts mit Schnelligkeit am Morgen zu tun, sie bewegen sich fast gar nicht. Auf dem Weg zum Bungalow (hört sich nach mehr an, als es war) lief ich dann noch kurz im Slalom am Reinigungspersonal vorbei.

Am Flugplatz hatte ich mir vor dem Abflug noch eine Laufzeitung gekauft. Am meisten und nachhaltigsten sprach mich die Werbung zum WINGS FOR LIFE WOLRD RUN-Event in Darmstadt an. Laufen für einen guten Zweck und mal nicht vom Start zu einem festen Ziel, sondern mit einem Ziel in Form eines Catcher Car's von hinten. Hörte sich für mich von zwei Seiten aus interessant an. Zum einen sollten die gesamten Einnahmen der Knochenmarktforschung zugutekommen und zum anderen wurde zur gleichen Zeit an 34 Orten auf der Welt gelaufen. Cooles Event. Schade, dachte ich, ich wäre gern in Darmstadt mitgelaufen. Nur waren wir zu dieser Zeit gerade hier im Urlaub. Aber mal sehen, wann es wieder stattfindet. Und so sollte es auch kommen. Aber dazu mehr auf den kommenden Seiten.

Erfahrungen

Sei freundlich zu Menschen, die dir im Ausland begegnen. Du bist hier der Ausländer und somit Gast.
Tiere solltest du immer im Auge behalten, sie tun es mit Sicherheit.

B2Run Berlin 2015

Donnerstag, 10. September 2015

Der Termin in Berlin kam näher. Was ich nur leider nicht merkte, da ich ihn mir nicht im Terminkalender notiert hatte. Eine Woche vor dem Start, ich saß gerade in einem großen Vertriebsmeeting, erhielt ich eine interne E-Mail.

Hallo Teilnehmer,
wir freuen uns auf unseren gemeinsamen Lauf in Berlin in der kommenden Woche. Hotel ist gebucht und wer mit dem Bus mitfahren möchte, sollte sich kurzfristig melden.
Mit sportlichen Grüßen

Mir wurde ganz anders. So eine Schei… den Lauf in Berlin hatte ich komplett verpeilt! Zudem hatte ich am selben Tag um 10.00 Uhr schon einen Termin. Nur nicht in Berlin, sondern in Frankfurt am Main. Diesen Termin konnte ich nicht verschieben, es hätte Wochen gedauert, einen neuen zu bekommen. Also absagen. Ganz schnell absagen! Der Grund? Ganz klar, Terminschwierigkeiten. Ping! Weg war die E-Mail. Puh! Geschafft.

Keine zehn Minuten später machte ich das Ganze rückgängig. Die andere Seite freute sich, dass ich es doch schaffen würde, am Lauf-Event in Berlin teilzunehmen. Was war passiert in den paar Minuten? Folgendes: Ich nehme mir vor, in Berlin zu laufen, und geben dann mein Ziel auf und sage ab? Nö, nicht mein Ding. Das war es noch nie und wird es auch nie sein. Also habe ich mir die Kilometer einmal angesehen. Von zu Hause aus waren es knappe 230 Kilometer bis Frankfurt. Dann zwei Stunden Kundentermin und weiter 545 Kilometer bis zum Stadion in Berlin. Etwas bekloppt, aber das liegt mir ja. Am Morgen des Laufs verabschiedete ich mich von Christine mit den Worten: „Ich fahre heute nach Frankfurt und übernachte dort." Ab ins Auto und losging es nach Frankfurt. Die Verkehrslage meinte es extrem gut mit mir, denn ich kam wirklich sehr gut durch und war etwas früher als geplant dort. Mein Kunde hatte auch schon etwas früher Zeit, sodass ich mich eigentlich sehr entspannt auf den Weg zum ersten Wettkampf nach Berlin machen konnte. Da ich nicht wusste, ob es vor Ort Umkleidekabinen gab, zog ich mich kurz auf der Toilette einer McDonald's Filiale um. Im Anzug rein und im Trainingsanzug wieder raus. Das sah mit Sicherheit für einige schon komisch aus. Und weiter ging die Fahrt nach Berlin. Dort angekommen, waren die Veranstalter sogar noch mit dem Herrichten der Strecke und der Gegebenheiten für den Wartebereich beschäftigt. Ich hatte also noch genug Zeit. Meines Anzugs hatte ich mich ja zugunsten der Laufbekleidung bereits entledigt.

Die ersten Kollegen trafen ein. Auch der Kollege, mit dem ich im März dieses Jahres in Berlin gelaufen war, kam gerade an. Die Sonne strahlte, eigentlich war alles wie im letzten Jahr. Die dunklen Wolken in meinem Rücken hatte ich nicht gesehen. Vielleicht wollte ich das auch nicht. Wir gingen auf die für unser Unternehmen reservierten Plätze, wo schon andere Kollegen und ehemalige Kollegen warteten. Nicht alle wollten laufen. Wie im letzten Jahr passten einige auf die Taschen auf. Nur war ich diesmal nicht dabei, sondern sollte stattdessen gleich die andere Seite kennenlernen. Die Startzeit für „Fun Starter" kam näher und wir gingen alle gemeinsam in den Startbereich. Blöder Fehler, mich ganz vorn zu platzieren, aber woher sollte ich das auch wissen, es war ja mein erster Lauf. Keiner hatte mir gesagt: „Hey, wenn das dein erster Lauf ist, geh mal besser nach hinten. Die laufen dich sonst alle fast um." Nein, das sagte keiner. Wer solche Kollegen hat …

Wir wurden noch einmal kurz vom Ansager angeheizt, ich startete die App und los ging es. Ich mitten im ersten Pulk. Das machte keinen Spaß. Ich lief schneller, als es mir guttat und war dementsprechend außer Atem. Ich machte es wie auf der Autobahn: rechts halten, wenn man eine Panne hat. Okay, ich versuchte es, nur galt die Regel hier nicht. Es war einfach egal, wo ich wie lief, die nächsten gefühlten 15 Minuten kamen nur Läufer an mir vorbei. Jungs und Mädels! Ich brauchte auch etwas Platz, ich wollte ja nicht über die Füße der Absperrungen stolpern. Ich war der Held von hinten, der nur leider vorne lief. Auf der Hälfte der Strecke wollte ich bereits zum zweiten Mal gehen. Im selben Moment, in dem ich daran dachte, lief ein Feuerwehrmann in kompletter Montur rechts an mir vorbei. Wahnsinn. Zusätzlich fing es an zu regnen, was mir egal war. Ich war eh komplett durchnässt und wen kümmerte es, ob die Nässe nun von außen oder von innen kam? Nass ist nass. Wo war denn nun der Eingang? Und wo war der Feuerwehrmann geblieben? Ich werde nie den Moment vergessen, als ich wie Dieter Hallervorden in dem Film „Sein letztes Rennen" ins Stadion, nein, ins Olympiastadion Berlin einlief. HAMMER, WAHNSINN! Ich hatte es geschafft. Regen? Egal.

Gefühlt schwebte ich durchs Ziel

Nass wie der letzte Hund, fertig ohne Ende, aber tierisch glücklich, dabei gewesen zu sein und es auch irgendwie geschafft zu haben, kam ich ins Ziel. Das Bild auf dem Cover dieses Buches entstand kurz nach dem Zieleinlauf. Es hatte nicht nur geregnet, auf uns waren Eimer heruntergekommen. Unfassbar! Ich konnte mein Handy gar nicht mehr bedienen, so nass war es geworden. Unterwegs hatte ich mich einmal von einem Streckenposten fotografieren lassen. Die beiden Fotos schickte ich über WhatsApp an Christine. Dann rief ich sie an. Ich war voller Adrenalin, komplett geflasht, übermannt von den gerade erlebten Momenten. Christine meldet sich, ich sagte ihr kurz, dass ich ihr gerade die Fotos geschickt hatte und sie in einer Minute wieder anrufen würde.

Voller Vorfreude meldete ich mich knapp eine Minute später, doch bevor ich viel sagen konnte, kam die Frage:

„Wo bist du?"
„In Berlin."
„Ich dachte, du übernachtest in Frankfurt?"

Ohhhhh! Ich wollte sie wirklich überraschen. Aber nicht damit, dass ich zaubere und, „hopp", mit dem Teleporter von Frankfurt nach Berlin reisen konnte. Zu Recht bekam ich minutenlang die Gehörgänge geputzt. Aber ich glaube, sie war auch etwas stolz auf mich, konnte es nur in diesem Moment nicht zeigen. Oder, Schatz?

Erfahrung

Mache es nie wie ich. Sage nie zu deinem Partner.

„Ich bin hier" und sei dann woanders.

Ist blöd und bleibt auch blöd.

Umziehen und ab ins Hotel zum Duschen. Leider hatte ich, was das betraf, erstmal kein Glück, denn ich hatte vom Hotel die falsche Adresse bekommen. Die Hotelkette hat mehrere Häuser in Berlin, meins war angeblich das in der City. Parkplatz suchen und finden, Gepäck aus dem Auto und ab ins Hotel. Im Hotel dann die ernüchternde Feststellung, dass mein Zimmer für ein anderes Hotel der Kette gebucht war und dieses sich in der Nähe vom, richtig, Olympiastadion befand. Im richtigen Hotel angekommen, duschte ich schnell und trank mit den Kollegen noch das eine oder andere Bier. Als ich im Bett lag, immer noch stolz auf meinen ersten vollbrachten Lauf, gingen mir wieder die Bilder des Starts durch den Kopf. Es hilft dir keiner. Deine Erfahrungen machst du immer selbst. Wenn es vorne direkt beim Start für dich passt, ist das prima. Bei mir war das nicht so. Es war halt wie im wahren Leben. Total fertig von der Fahrt durch die halbe Republik und meinem allerersten Lauf schlief ich ein. Die Abreise am nächsten Tag habe ich sehr schmerzvoll in Erinnerung. Meine Gehörgänge waren noch etwas blutig, was ich aber verdient hatte. Hinzu kam noch der Muskelkater, diese alte Katze, die keiner braucht. Na ja, es waren ja nur knappe 550 Kilometer bis nach Hause und dann war Wochenende.

Nach dem Lauf ist vor dem Lauf. Auch aus diesem Event hatte ich gelernt und mir direkt das nächste Ziel gesteckt. Wenn 6,5 Kilometer in Berlin gingen, warum dann nicht auch 21, also ein Halbmarathon? Ich weiß, was du jetzt denkst. Jetzt dreht er komplett durch. Gerade hat er mal 6,5 Kilometer geschafft und jetzt will er einen Halbmarathon laufen. Genau so haben fast alle, auch meine Christine, meine Töchter und meine Eltern reagiert. Nein, gesagt haben sie es nicht so, aber gedacht. Davon bin ich überzeugt. Das ist aber gar nicht schlimm, ich setzte mir das Ziel trotzdem und schaute direkt mal nach, was ich dafür so tun musste. In meiner App von Nike (ist keine Werbung, ich nutzte sie halt) gibt es die Möglichkeit, sich einen Trainingsplan anzulegen. Cool und für mich wirklich praktisch.

Allerdings kam der Winter und ich war bei Weitem nicht vernünftig gegen Regen geschützt. Also ging es wieder mal zum Shopping.

FunRun München

Samstag, 10. Oktober 2015

In der Zeitung las ich, dass es um und in der Allianz Arena in München einen Fünf-Kilometer-Lauf geben sollte. Die Einnahmen sollten komplett Flüchtlingen aus Syrien und anderen Kriegsgebieten zugutekommen. 10.000 Läufer, so schätzte man damals, würden dabei sein.

An diesem Wochenende stand ansonsten nichts an und in „Vorab"-Abstimmung mit Christine meldete ich mich an. Ich wollte ja nicht, dass mir noch mal sowas wie in Berlin passierte. Geplant hatte ich, direkt nach München zu fahren, zu laufen und auf dem Rückweg in Nürnberg zu übernachten. Also buchte ich für einen schmalen Groschen ein Hotel in der Altstadt.Dann war der Tag da. Ich hatte etwas mehr Lauftraining als in Berlin beim B2Run, aber immer noch nicht die richtige Technik.

Trotzdem ging es ab ins Auto und los.

Nach drei kleineren Stopps kam ich an der Allianz Arena an. Ich war schon verwundert, dass keiner da war. Notdürftig fand ich jemanden, der mir sagen konnte, wo ich parken durfte.

Komisch, wo waren die Massen? Ich zog mich eben am Auto um und ging in Richtung Arena. Es war recht kalt in München und auf dem Weg begegneten mir nur wenige Menschen. Als ich die Arena betrat, wurde es dann wenigstens warm. Ich holte meine Startunterlagen und das Event-T-Shirt von Adidas ab.

> Menschenmassen gab es hier nicht. Kurz gesagt, es war nichts los.

Ich schaffte es dann, ein Foto mit BERNI, dem Maskottchen von Bayern München zu bekommen. Danach wollte ich ein Erinnerungsfoto vor der Sponsorenwand machen lassen. Dafür spreche ich gerne andere Läufer an und stelle immer wieder fest, dass diese dann das Gleiche möchten. Ein Laufschuh hilft dem anderen Laufschuh. Aber zurück zum Foto. Kaum war ich in Position, hatte ich auch schon ein Mikrofon vor der Nase. Der Kommentator stand direkt neben mir und machte erstmal ein schickes Interview. Wo ich denn herkäme, welchen Verein ich unterstützte. Als ich von der Entfernung sprach, die ich zurückgelegt hatte, um dabei zu sein, wurde er etwas ruhiger. Was sich aber direkt wieder änderte, als ich den BVB erwähnte. Ob ich nicht doch mal den Verein wechseln wollte als Fan? Nö, wollte ich nicht.

Netterweise hatte der Läufer, der von mir mal eben das Foto vor der Wand machen sollte, auf dem Handy direkt auf Video umgestellt. Dafür bin ich ihm heute noch dankbar. So habe ich eine bleibende Erinnerung an das Interview. Kurz vor dem Start schaute ich mich noch weiter um. Die Musikgruppe mit ihren Trommeln machte schon mal Stimmung. Toll war das. Wirklich toll.

Zwanzig Minuten später wurden wir dann alle zusammengerufen und es wurde ein Foto gemacht, für das wir herzförmig aufgestellt wurden. Das Foto diente jedoch lediglich der Berichterstattung in der Bildzeitung. Ich wurde sogar noch einmal interviewt, da ich vor dem BERNI-Foto dem Ansager in die Arme gelaufen war. Man fand es schon spannend, dass ich knappe 600 Kilometer Anreise in Kauf genommen hatte für den guten Zweck.

Wir machten uns warm, oder auch nicht, und gingen dann auf die Umrundung mit einem kleinem Lauf durch die Allianz Arena. Aus dem Keller des Stadions wieder nach oben zu laufen, war wirklich anstrengend. Im Ziel stand dann gleich der nächste Reporter der Zeitung. Diesmal hatte ich Glück. Ich war nur beim Zieleinlauf auf dem Video zu sehen.

Alles in allem war es eine tolle Veranstaltung. Gerade weil keine 10.000 Läufer da waren, sondern nur etwa 500, hat es sich für mich gelohnt. Es hatte einfach einen familiären Charakter. Ob ich es heute wieder machen würde? Ganz klar, ja. Aber nur, wenn nicht alle kommen. Keine Sorge, ich bin an diesem Abend nicht mehr ins Ruhrgebiet zurückgefahren. Nur, wie geplant, bis nach Nürnberg. Das reichte mir dann auch wirklich. Interessanterweise war die Fahrt recht angenehm, obwohl es regnete und ich echt Hunger hatte.

Im Hotel angekommen, sprang ich schnell raus aus den Sportsachen und unter die Dusche. Mann, tat das gut. Ich war wieder ein normaler Mensch mit HUNGER. Also raus, da wird es schon was geben, dachte ich. Eigentlich. Schade, in der näheren Umgebung war nichts zu finden, also ging ich weiter in die Altstadt. Da ich mich nicht auskannte, lief ich mir nochmals die Hacken ab. Danke, du da oben, das brauchte ich jetzt nicht wirklich. HUNGER hatte ich und keinen Bock mehr auf Stadterkundung. Knapp dreißig Minuten später war ich endlich in einem Imbiss Da stand ich nun in einem Fastfood-Restaurant, in dem ich in vielen Jahren maximal einmal gewesen war. Nun ja, nach einer kurzen Erklärung was, wo und wie bei einem Menü dabei ist, hatte ich es geschafft. ESSEN! ENDLICH! Wohl gestärkt ging ich wieder Richtung Hotel. Wie sollte es auch anders sein, ich war nach fünf Minuten da und musste nicht, wie auf dem Hinweg, dreißig Minuten laufen. Danke an meine Handy-App. Nach einem Telefonat mit meiner Chrissi schaute ich noch kurz Fernsehen und schlief bei selbigem ein.

Sonntag, 11. Oktober 2015

Am Morgen wurde ich schon sehr früh wach. Raus aus dem Bett und frühstücken. Oh … Muskelkater! War klar, dass der kommen musste. Egal, ich war stolz, etwas Gutes getan zu haben, sowohl für die Flüchtlinge als auch für mich beim Laufen. Nach dem Frühstück packte ich meine paar Sachen ein und fuhr gemütlich zurück nach Hause.

Nikolausläufe

Samstag, 05. Dezember 2015

Herdecke/Ruhr

Schon Wochen vorher hatte ich mich in Köln angemeldet, was nicht ganz einfach war, weil ich irgendwie die richtige Internetseite nicht finden konnte. Direkt bei uns um die Ecke gab es so ein Lauf-Event nicht, daher war Köln für mich eine gute Alternative. Hinzu kam, dass an diesem Wochenende ein „Sonderzug vom Eishockey Club" anstand und meine Lieben alle weg waren.

Als guter Schwiegersohn hatte ich mich mit meiner Schwiegermutter verabredet. Die Fahrt von Köln bis zu ihr dauerte geschätzt gerade einmal eine halbe Stunde. War also 'ne prima Idee. Ich konnte duschen, bekam etwas zu essen und „technische Kleinigkeiten", die meistens anfielen, wenn ich schon mal da war, würde ich mit Sicherheit direkt erledigen können.

Der Samstag kam und ich fuhr mit dem Auto kurz in den Nebenort, um etwas zu erledigen. Na toll. Ich stand an der Ampel in der ersten Reihe und was las ich? NIKOLAUSLAUF DES

RC HERDECKE, SAMSTAG, also heute. Ich war sprachlos, ohne Worte im Kopf. Und das passiert mir echt selten. Warum hatte ich das nicht im Internet gefunden?

Zu Hause sah ich mir die Ausschreibung an. Es handelte sich fast um meine Hausstrecke um den Hengsteysee. Nur mit einer kleinen Ergänzung in Herdecke halt. Schlappe 10 Kilometer. Hmmmmh, machbar, so mein Urteil. Nachmeldungen waren möglich und zeitlich passte es auch. Also zog ich mich um und bin hin. Ja, keine Sorge, auch diesmal hatte ich Christine Bescheid gegeben.

Kurz die Nachmeldung erledigt und ab in den Startbereich. Das Wetter spielte mit, es war trocken, nicht kalt. Kurz vor dem Start machte ich mich noch etwas warm und dann ging es pünktlich auf die Reise. Was mich wunderte, war, dass es keine richtige Startlinie gab. Na ja, was soll's, die Zeit war mir eh egal. Es ging nur darum, anzukommen.

Das Hauptfeld gab wirklich GAS, Mann, Mann, Mann. Ich ging locker mit auf die Strecke und es lief gut. Doch an der alten Eisenbahnbrücke angekommen, merkte ich schon meine Waden. So richtig durchlaufen auf so einer Distanz war trotz meines Trainings nicht mein Ding. Also ging ich die nächsten 50 bis 100 Meter und merkte direkt, wie mein Puls wieder in den Normalbereich zurückkam. Mensch, Dirk, du hast dich am Anfang wieder mal von den anderen zum Speedlauf verleiten lassen. Grober Fehler, denn auch im Motorsport wird ein Rennen nie in der ersten Kurve oder Runde entschieden, sondern auf der gesamten Länge. Der Unterschied zum Motorsport lag nun wie Blei in meinen beiden Beinen und machte sich wie 50 Kilo Zusatzgewicht bemerkbar. Der Kopf gab aber offenbar meinen Beinen den Befehl, das Gewicht wieder zurückzugeben, was ich auch an den Füßen direkt merkte. Es ging wieder besser. Also weiterlaufen. Jetzt aber in meinem Tempo, nicht im Tempo der anderen Läufer. Eigentlich sehr angenehm.

Ich kannte die Strecke, kam auf der Gegenseite an und nutzte die gesamte Brücke, um den Puls wieder zu reduzieren und meine etwas tauben Füße zu regenerieren. Ich lief die Gegengrade zurück. Mein Kopf sagte mir, dass es bis zum Clubhaus des RC in Herdecke etwa 5 Kilometer sein müssten. Mensch, Alter, du hast erst die Hälfte der Strecke …

Gefühlt waren es mindestens zwei Wochen, die ich von diesem Punkt bis in Ziel lief. Wie ich nachher auf der Urkunde lesen konnte, lag ich bei 01:10:44 Stunden. Für mich eine echte TOP-Zeit und auch Überraschung.

Als ich freudig im Ziel angekommen war, hatte man mir eine schicke Medaille umgehängt. Noch ein bisschen Tee und Obst und schon war ich auf dem Weg nach Hause. Interessanterweise hörte ich auf dem Weg zum Auto ein Läuferpärchen vor mir Folgendes sagen:

Sie: Bei Kilometer 7 hatte ich einen Krampf am linken Fuß.

Er: Ich kam auf der Eisenbahnbrücke ins Rutschen und wäre fast gefallen.

Sie: Bei Kilometer 9 hab ich noch den und den überholt, aber der Krampf war noch da.

Ehrlicherweise wäre ich fast vor Lachen umgefallen. Mensch, die haben sich nicht miteinander unterhalten, sondern mit sich selbst.

Sonntag, 06.Dezember 2015

Köln

Sonntagmorgen. Ich musste, wie gesagt, sehr früh aufstehen, da ich meine Lieben ja zum Bahnhof bringen sollte. Meine Beine machten bisher vom Vortag keine großen Probleme. Also weiter, ab nach Köln zum nächsten Nikolauslauf.

Mensch, war hier was los. Parken ging nur in etwa zwei Kilometer Entfernung. Ich zog mich kurz am Auto um und nahm nur das mit, was ich wirklich brauchte. Da ich mehr mit hatte als am Tag davor, zum Beispiel etwas zu trinken, und das Auto nicht in unmittelbarer Nähe war, warf ich alles in meinen Rucksack und machte mich auf den Weg. Stimmung ohne Ende. Der Moderator machte sich gerade bemerkbar, da ein anderer Lauf in den Zielbereich kam. Ich hatte mich für den FUN RUN angemeldet und, wie ich gelesen hatte, konnte ich mir aussuchen, ob ich eine, zwei oder maximal drei Runden machen wollte. Jede Runde hatte etwa 3,33 Kilometer, sodass nach drei Runden ungefähr 10 Kilometer auf der Uhr stehen könnten. Aber nur, wenn ich es wollte. Mal sehen.

Nach Abholung der Startnummer kam ich direkt mit einem jüngeren Erstläufer ins Gespräch. Mann, der tat mir schon etwas leid. Er hatte seine normale dicke Winterjacke an und suchte nun verzweifelt eine Abgabestelle. Tja, so mitten im Kölner Waldgebiet, war das etwas schwierig. Wir unterhielten uns und stopften dann gemeinsam seine Jacke in seinen Rucksack. Da der arme Kerl keinerlei Erfahrung mit solchen Läufen hatte, gab ich ihm den Tipp, nicht weiter nach vorne zu gehen. Dort laufen die, die Zeiten laufen oder auf alle Fälle schneller als wir. Ein paar Minuten später war mein Gesprächspartner auf dem Weg zur Toilette. Das war eigentlich immer eine sehr gute Idee, hatte ich aber bereits erledigt. Für mich ging es nun an den Start.

Viele schauten mich schon mit einem Schmunzeln an. Der Startschuss fiel und losging es. Mann, was fühlte ich meine Beine. Die Strecke zog sich für mich. Logisch, ich kannte sie ja auch nicht. Unterwegs sah ich meinen

Gesprächspartner wieder. Er war wohl doch vorne gestartet. Ich erkannte ihn bereits von Weitem am sehr überfüllten Rucksack. Mensch, Mensch. Warum nimmt er auch so eine dicke Daunenjacke mit zum Lauf. Ich konnte mir ein Schmunzeln nicht verkneifen. Als ich nach der ersten Runde mit „dicken" Füßen und ohne wirkliche Lust wieder fast am Ziel angekommen war, sah ich ungefähr 20 Kinder, die mit ausgestreckter Hand am Rand zum Abklatschen standen. Das machte ich doch gerne! Es war toll, wie die Kleinen sich freuten. Also nach rechts rüber, immer schön in den Rückspiegel schauen, nicht dass da jemand an mir vorbei möchte, alles frei. Dann kamen die ersten Hände. Patsch ... patsch und ich hörte nur „Krümelmonster". „Mama, da ist das Krümelmonster." Ich musste grinsen und lief mit meinem Krümelmonster-Rucksack weiter.

Gerne hätte ich den Schwenk nach rechts, Richtung Ziel gemacht, doch dann sah ich es. Vor mir liefen fast 80 Prozent der Läufer Richtung Ziel. Nee, dann wollte ich das nicht machen. Die Zuschauer sind ja nicht gekommen, um eine Runde der Fun-Läufer zu sehen. Also weiter geradeaus, nicht mehr daran denken, wie schön es wäre, jetzt das Ganze zu beenden. Ich nahm etwas Geschwindigkeit raus und lief die zweite Runde. Nicht nur die Kinder waren begeistert von meinem Krümelmonster-Rucksack, sondern auch viele andere Läufer. Männer wie Frauen fanden es originell, dass ich ihn mitschleppte. Es war eine anstrengende Runde und ich war froh, als ich zum zweiten Mal bei den Kids vorbeikam. Schon von Weitem wurde das Krümelmonster begrüßt mit den Worten: „Da kommt Krümi wieder." So ein bisschen schaute mir ja auch die ganze Zeit der Kopf über die Schulter. Also wieder rechts ran, Arm raus und … patsch … patsch. Von den paar Läufern, die noch dabei waren, lief wieder der größte Teil rechts Richtung Ziel. Hatte ich schon erwähnt, dass ich Ehrgeiz besitze? Also geradeaus weiter, letzte Runde, Finish-Runde. Mensch, war das ein Durchschleppen, aber ich schaffte es. Auch diese Runde bin ich nicht komplett durchgelaufen. Das war zu dieser Zeit auch weder geplant noch mein Ziel. Ich wollte mich ja nicht töten, sondern Spaß haben. Ja, auch etwas Quälen gehört dazu, aber nur ein bisschen. Letzte Runde, das Ziel kam endlich und ich war angekommen. Drei Runden, wieder 10 Kilometer. Ich holte mir eine Banane und einen Schoko-Nikolaus ab. Sowohl für den Nikolaus als auch für die Banane bekam ich ein Kreuz auf meine Startnummer als Kennzeichnung, dass ich beides schon bekommen hatte. Für den Schokomann verstehe ich das, aber für eine Banane? Zu trinken gab es kaltes Wasser aus Kübeln. Nö, danke, das ist nichts für mich. Zum Glück hatte ich ja was in meinem Krümelmonster-Rucksack dabei. Ich freute mich wirklich auf die Dusche und war froh, nach nochmals 2 Kilometern am Auto schon mal meine nassen Klamotten tauschen zu können.

Meine Zeit lag bei 01:17:42. Gar nicht schlecht für zwei Läufe an einem Wochenende. Dass mich das Krümelmonster noch weiter in meinem Leben beschäftigen sollte, hatte ich ja schon geahnt. Aber was 2016 passieren würde, davon wusste ich an diesem Tag noch nichts.

Meine Ziele 2016

Ziele sind dazu da, erreicht zu werden. Also, was sollte ich dann mal als Nächstes machen? Marathon? 42 Kilometer? Okay, ist ein Ziel, aber ich bin nicht bekloppt genug, das direkt mal eben so anzugehen. Mhhh … aber die Hälfte wäre doch machbar. Die Distanz bin ich im Sommer schon mal fast gelaufen. Ja, nicht durch und auch nicht so, dass ich ohne Probleme zu Hause angekommen wäre. Ganz im Gegenteil.

An diesem Samstag war ich zu Hause losgelaufen, links rum, wie ich es gerne nenne, die Harkortsee-Runde. Im Ganzen ist die Runde knappe 10 Kilometer lang oder, wenn ich am Klärwerk einbiege, 12 Kilometer. Warum ein Klärwerk, Klärwerk heißt, weiß man spätestens im Sommer. Das „Parfüm" hier in der Luft lässt einen gerne mal etwas schneller laufen als normal.

Aber zurück zu meiner Runde. Der erste Teil führt an einer Bundesstraße vorbei, die aber durch eine Baustelle umgeleitet wird (Brückenbauarbeiten, was auch sonst), sodass die Strecke danach sehr gerade ist. Eine wirklich lange Gerade gibt mir allerdings immer das

Gefühl, dass es nicht vorangeht, als würde ich laufen und laufen und doch nicht an der Ruhr ankommen. Nach knapp zwei Kilometern biege ich dann am Freibad rechts ein und dann geht es runter zum See. Herrlich, hier zu laufen, aber nur in den frühen Stunden des Tages. Die Schilder weisen einen eigentlich schon darauf hin: Fahrradfahrer, Skater und Fußgänger (also auch wir Läufer) nehmt Rücksicht aufeinander, Fahrradfahrer bitte LANGSAM FAHREN.

Tja, das klappt nur irgendwie nie. Der Weg am See ist ungefähr drei bis vier Meter breit. Jeder will das Naherholungsgebiet nutzen und alle anderen stören. Selbst wenn sie nichts tun, stören sie trotzdem. Hunde werden gerne an den unsichtbaren Leinen geführt. Unsichtbar, weil sie aus Nylon bestehen und extrem dünn sind, dafür aber fünf Meter lang. Manche führen ihre Hunde an der Leine, andere nicht und wenn du dann den Unterschied nicht sehen kannst, wird es doppelt spannend. Läuft der Hund auf dich zu, kann der Hundehalter ihn dann an der Leine zurückziehen? Oder läuft er weiter und hört wirklich aufs Wort? Versteh mich nicht falsch, es liegt nicht am Hund, sondern am anderen Ende der Leine.

Auch Fahrradfahrer sind wirklich spitze. Fahrradklingeln werden komplett überbewertet und könnten sich durch Gebrauch abnutzen, das ist mir schon klar. Also besser mal nicht benutzen. Sicher, ich laufe wie viele andere mit Kopfhörern. Aber doch nicht so, dass ich nichts anderes mehr höre. Geklingelt wird schon mal nicht, man ist ja Profi und kann sogar ganz knapp an Läufern, Fußgängern und Kindern vorbeifahren. Fahrradfahren haben die meisten ja schon im Vorschulalter gelernt und perfektioniert. Dass ich vor Schreck noch keinen Herzinfarkt bekommen habe, grenzt schon an ein Wunder. Wie oft ich diese Runde zu diesem Zeitpunkt schon gelaufen war, ich weiß es gar nicht. Es lief an diesem Samstag jedenfalls wirklich gut. Um sieben Uhr war die Sonne schon warm und lachte mich an. Die Enten und Schwäne am Ufer machten sich auch gerade fertig. Es wurde geputzt und nach Futter getaucht. Herrlich, Natur in der puren Art. Das liebe ich beim Laufen, genauso wie das Gefühl nach dem Zieleinlauf. Auch andere Sportler waren schon unterwegs, wie die Ruderer auf dem Wasser, was ich ebenfalls sehr gut beobachten konnte. Die Anweisungen des Trainers kamen immer wieder bei mir an, allerdings kaum verständlich. Ich näherte mich wieder einem Teilstück, auf dem es gut und gerne 500 Meter geradeaus geht. Wie schon erwähnt, mag ich diese langen, gleichförmigen Abschnitte nicht. Es gibt keine

Abwechslung, nur mental werde ich dadurch, glaube ich, gestärkt. Weiter, weiter, Dirk, immer weiter, diesmal schaffst du diese Stelle und läufst durch. Die nächste Kurve kam und ich war mächtig stolz auf mich. Nun näherte ich mich dem nächsten Ort. Nur noch durch das Ruhr Viadukt durch und schon war ich da. Von hier waren es nur noch zwei Kilometer oder aber, am Klärwerk vorbei, vier Kilometer.

Ich fühlte mich gut an diesem Tag, an dieser Stelle, an diesem Punkt des Laufs. Mein Kopf fragte meinen Bauch: „Hey, Bauchgefühl, was meinst du? Sollen wir noch um den Hengsteysee laufen?" Offenbar hatte mein Bauch „Ja" gesagt, denn ich lief geradeaus weiter. Mal sehen, wie weit ich komme und was geht. Rechnerisch hatte ich knapp 20 Kilometer herausbekommen, wenn ich beide Seen lief. Die Herausforderung lag also vor mir. Auch diese andere Runde, von zu Hause aus „rechtsum" genannt, war ich schon mal gelaufen. Mehrfach aber nur die „kleine Runde" mit parken am See und dann die 6,7 Kilometer. Heute trabte ich also weiter. Die Enten standen diesmal mehr im Weg als auf dem Weg, aber sie wollten nichts von mir. An der alten Eisenbahnbrücke kamen mir, eigentlich unfassbar, die ersten anderen Läufer entgegen. Ich mag diese unter Denkmalschutz und nur für

Fußgänger und Radfahrer freigegebene Brücke. Es ist ein historisches Bauwerk mit einem schönen Blick über die Schleusenanlage und den See. Das Rauschen des Wassers, das aus der Schleuse vom Hengsteysee in den Harkortsee läuft, herrlich. Nach der Brücke bog ich, wie auch beim Nikolauslauf, nach links ab und war an der für mich einfachsten und schönsten Stelle der Runde. Der Untergrund ist hier eher sandig und mit kleinen Steinen sehr stabil, aber nicht hart. Bis auf einen Engpass geht es so über knapp 1,5 Kilometer weiter.

Dann ändert sich schlagartig der Bodenbelag. Auf diesem Abschnitt gibt es Schlaglöcher und unterschiedliche Untergründe, die mir wirklich die volle Konzentration abverlangen, damit ich nicht in den See falle. Unsere Politiker der umliegenden Städte teilen zwar seit Langem mit, dass sie etwas ändern wollen und werden, nur wann, das sagen sie nicht. Am Ende dieses Abschnitts lief ich dann links über die im Grunde parallel zur Staumauer verlaufende Brücke. Um meinen Beinen, die einen solchen Lauf nicht kannten, eine kleine Ruhephase zu gönnen, beschloss ich, langsam über die Brücke zu gehen. Das war, glaube ich, mein Fehler. Wäre ich weitergelaufen, hätte ich es vielleicht komplett geschafft. So wurde es nach der Brücke für mich immer schwerer. Mehrfach ging nur noch gehen. Dann, als ich wieder an dem Punkt angekommen war, an dem ich mich vorher, nein, mein Bauch sich vorher entschieden hatte, mal eben die Runde zu laufen, ging nichts mehr. Ich war froh, dass ich mit ach und Krach die Füße noch hochbekam. 17 Kilometer zeigte meine Laufuhr an. Wow, was für eine Leistung. Aber wie sollte ich nun nach Hause kommen? Anrufen und mich abholen lassen? Och nö, das brauchte ich nicht. Es wäre auch nicht besser gewesen, denn ich bezweifle, dass ich aus dem Auto wieder herausgekommen wäre. Nach nochmal zwei Kilometern kam ich in meinem Wohnort an. Diese Kilometer gingen nur bergauf. Unterwegs kam ich beim Metzger meines Vertrauens vorbei. Die drei Stufen ins Geschäft hatten etwas von Bergsteigen an sich. Als ich zu Hause ankam, war ich mächtig zufrieden mit mir und den Mettbrötchen auf meinem Teller.

JETZT HATTE ICH AUCH DEN MANN MIT DEM HAMMER KENNENGELERNT.

Internetrecherche liegt mir im Blut, sodass ich gar nicht so lange suchen musste, um meine nächsten ambitionierten Ziele zu finden.

36. Berliner Halbmarathon 2016

20. RheinEnergie Köln Halbmarathon 2016

Schwups, waren die Anmeldungen raus, Berlin inklusive Hotelbuchung. Diesmal ohne Christine zu fragen. Aber gegen ein längeres Wochenende in Berlin konnte sie doch nichts haben, oder?

Internetrecherche und Hotelbuchung waren erledigt. Okay und nun?

Wieder Internetrecherche. Welche Bücher gibt es, was steht in den Kommentaren? Welche Grundlagen sind zu beachten? Was sagen andere Läufer in meiner Facebook-Gruppe dazu?

Gefühlt gab es Millionen Ratgeber, die erklären, was man alles wie beachten muss, soll, kann, darf, nicht braucht, sodass ich doch etwas nervöser wurde. Ich wollte ja kein Sportstudium beginnen, sondern nur das tun, was für die Menschheit das Natürlichste ist. Laufen. Sicherlich bin ich als Schreibtischattentäter und Nicht-Sportler über dreißig Jahre nicht gerade der, der so etwas beginnen sollte. Aber ich wollte es tun. Meine Ziele waren ganz klar definiert:

1. An beiden Halbmarathons teilnehmen.
2. Spaß dabei haben.
3. Vor dem Kehrwagen ins Ziel kommen.

Ich schaute mir noch kurz das Regelwerk für den Halbmarathon an. Dort las ich, dass es eine

Frist von 3 Stunden, 15 Minuten gab, um ins Ziel zu kommen. Wer diese überschritt, würde nicht gewertet werden. Oh, oh, würde ich das schaffen? Mal sehen, was meine Zeiten dazu sagten. Das ist das Schöne in der heutigen Welt, mal eben die App auf dem Smartphone geöffnet und als Laufziel „Halbmarathon" eingestellt und schon siehst du deine ungefähre Zeit. Da stand 2 Stunden, 50 Minuten. Passte also und mit etwas Training würde da noch mehr zu machen sein. Bei dieser Gelegenheit entdeckte ich in der App noch Trainingsprogramme für diverse Laufziele: 5 Kilometer, 10 Kilometer, Halbmarathon und Marathon. Warum sollte ich nicht einen Trainingsplan aus der App nutzen? Ich stellte mir also das Programm auf den 3. April mit dem Ziel Halbmarathon ein.

Start des Trainings war in ein paar Tagen, ich hatte also noch genug Zeit zum Relaxen. Dabei fiel mir auf, dass ich meinen Traum aus dem Jahr 2014, du erinnerst dich, gerade live erlebt hatte. WAHNSINN. Ich hätte NIE damit gerechnet. Und wie das Leben manchmal so spielt, fand ich beim Stöbern im Internet, eher durch Zufall, die Winterlaufserie des LSV Porz. Drei Termine, jeweils sonntags. Spontan wie ich bin, meldete ich mich an. Ich brauchte ja Strecke und Wettkampferfahrung, bevor Berlin kam.

Vorbereitung auf den Halbmarathon

Ungefähr zwölf Wochen vor dem Event in Berlin meldete sich meine App. „Hey Alter, du hast da ein Ziel, lass gehen." Also ab ins Fitnessstudio und aufs Band. Das Ganze fing locker an. Jede Woche hatte ich ein anderes Thema, mal hieß es „Kraft aufbauen", dann „Ausdauer verbessern". Gelaufen wurde am Anfang fünf bis sechs Tage in der Woche, das Wochenziel waren so um die 40 Kilometer. Eine Qual, aber machbar. Jeden Abend also die Sporttasche an die Hand und ab. Schön nach dem Programm trainieren.

Der Anfang war gemacht, nicht gerade locker aus der Hüfte, aber immerhin bin ich im Plan geblieben. Egal ob ich nun in Hagen, Hannover oder Frankfurt war, ich hielt mich dran. Wahnsinn fand ich das Gefühl nach dem Sport. Es fühlte sich wirklich gut an. Ab und zu kam meine große Tochter Katharina mit und wir machten gemeinsam Sport. Sie an den Geräten und ich auf dem Band. Einen Tag in der Woche sollte ich anderen Sport treiben, also ging ich schwimmen. Interessanterweise habe ich es wirklich geschafft, in preußischer Manier fast alles genauso zu tun, wie die App es anzeigte.

Sonntag, 24. Januar 2016

32.Winterlaufserie des LSV Porz e.V. Lauf 1

Im Februar kam der erste 10-Kilometer-Lauf in Köln-Porz. An einem Sonntag. Also 70 Kilometer bis nach Köln und ab in den Wald gefahren.

Tja, Parkplätze gab es nicht mehr so wirklich, sodass ich schon ins nächste Wohngebiet fahren musste. Zeitlich lag ich gut, ich konnte erst mal meine Startunterlagen abholen. Also los.

Schön klein und familiär war es hier. Etwas unorganisiert bei der Nummernabholung, aber wirklich herzlich. Der 5-Kilometer-Lauf wurde gerade gestartet und ich stellte mir schon selbst die Frage: „Warum hast du denn nicht diese Laufdistanz genommen? Hätte es nicht auch gereicht, hier eine Runde zu laufen? Aber nein, der Herr muss ja zwei Runden machen, 10 Kilometer. Warum nicht gleich den Halbmarathon?

Mensch, was hat man manchmal Engelchen und Teufelchen auf den Schultern. Nachdem ich meine Startnummer hatte, zog ich mich kurz am Auto um und machte mich langsam warm. Die musikalische Begleitung bestand aus Kölner Karnevalsliedern. Wir hatten fast den Höhepunkt der närrischen Tage erreicht und diese Musik am Start war wirklich das Beste. Es machte direkt gute Laune und auch die Ansagen für die Läufer, die gerade vom 5-Kilometer-Lauf kamen, waren kölsch geprägt. Alles, wie gesagt, immer mit sehr viel Herzlichkeit. Wir gingen alle an den Start für zwei Runden, 10 Kilometer. Lernfähig war ich, denn ich blieb direkt hinten. Ich wollte hier nicht im Schlamm liegen, weil ein jüngerer oder schnellerer Läufer an mir vorbei wollte.

Drei, zwei, eins … Peng! Los ging es.
Matschig war es hier. Es gab auch unterschiedliche Untergründe. Mal liefen wir im Wald, mal an der Straße. Eigentlich dachte ich ja, ich wäre fit genug, die 10 Kilometer durchzulaufen. Das hatte ja schließlich auf dem Laufband auch geklappt. Aber nee, nix da. Als hätte ich es geahnt, traf es mich schon nach ungefähr zwei bis drei Kilometern. Meine Füße schliefen ein, die Luft war weg und ich musste gehen. Mir egal, ich war hier und das Ziel lag vor mir. Nach einer kurzen Phase des Gehens konnte

ich wieder laufen. Also lief ich weiter. Was mich dann mal wieder einholte, war die Gerade an der Straße entlang. Immer geradeaus, ohne erkennbares Ende. Kurz gesagt: langweilig. Bereits hier, nach nicht einmal fünf Kilometern, lief ich alleine. Das lag an meiner Geschwindigkeit. Sicher, ich hatte immer noch jemanden hinter mir und auch vor mir alle in Sichtweite. Aber es war keiner da, der direkt mit mir litt oder besser lief.

Merke dir:Lauf deinen LAUF, dein TEMPO, deinen STIL.

Wieder im Waldstück, kurz vor dem Ziel, kam ein Radfahrer an mir vorbei und bat mich, für die führenden Platz zu machen und rechts zu laufen. Kein Ding, da lief ich ja bereits. Was kam da für ein D-Zug an mir vorbei. Knapp über 20 Jahre war der junge Mann wohl alt und maximal ein Drittel von mir, also gewichtsmäßig, meine ich, überhaupt nicht meine Gewichtsklasse. Die erste Runde ging zu Ende und ich konnte einen kurzen Blick auf die Zeitanzeige werfen. 35 Minuten. Okay, das war ein Ziel, die zweite Runde in etwa der gleichen Zeit genauso zu meistern. Wie bei der ersten Runde musste ich hier und da einfach mal kurz gehen, aber egal. Ich war dabei und es hatte was.

Nach dem Zieleinlauf gab es eine knappe Ansage von Helmut Urbach.

Helmut Urbach
Jahrgang 1942, deutscher
Marathon- und Ultramarathonläufer

Persönliche Bestleistungen

- **Marathon: 2:23:40 h, 1974**

- **100-km-Straßenlauf: 6:40:03 h**
  24. Mai 1975, Faenza

- **12-Stunden-Lauf: 140,234 km**
  20. Juli 1986, Brühl

- **24-Stunden-Lauf: 223,034 km**
  02. Mai 1993, Basel

Ich finde das Helmut wirklich sehr beeindruckendes geleistet hat, meinen vollen Respekt hat er auf alle Fälle dafür.

Schnell noch einen warmen Zitronentee und ab zum Auto. War schön hier. Und wir sehen uns ja noch zweimal. Mein Training würde ich ab Montag fortsetzen, aber versuchen, am nächsten

Wochenende mal eine Runde draußen zu laufen. Zum Glück spielte das Wetter mit, denn eins hatte ich gelernt: Läufe im Freien sind nicht wie die auf dem Laufband.

Merke dir:
Läufe im Freien sind komplett anders.
Sonntag, 14.Februar 2016

32.Winterlaufserie des LSV Porz e.V.
Lauf 2

Der nächste Lauf kam circa zwei Wochen später. Ich lief minimal schneller. In der zweiten Runde hatte ich, geschätzt, einen etwas älteren Läufer vor mir. Dieser musste immer wieder gehen, sodass ich langsam aber sicher aufholte. Als ich fast an ihm vorbeigelaufen wäre, mmh, wie soll ich sagen, lief der Kollege wieder an. Es hörte sich nicht gut an, mehr nach Sauerstoffzelt. Ich weiß, dass ich nicht besser aussehe und auch hier und da genauso keuche, aber hier hatte ich das Gefühl, dass gleich vor mir jemand umfällt.

Der Läuferkollege gab kurz Gas und baute den Abstand zu mir wieder aus. Fünf Minuten später wurde er wieder langsamer und ich holte auf. Genau wie beim ersten Mal, lief der

Läuferkollege wieder an, als ich knapp hinter ihm war. Unfassbar, was hier gerade lief. Hier wollte jemand einfach nicht, dass ich, oder wer auch sonst, an ihm vorbeiging. Egal was mit seinem Körper passierte, nur nicht letzter werden. Es dauerte und wiederholte sich noch ganze dreimal, dann war ich ohne Anstrengung vorbei. Der ewige Geschwindigkeitswechsel von gehen zu Vollgas forderte seinen Tribut, den jetzt der Läuferkollege zahlte. Nichts ging mehr. Mein Training allerdings hatte sich ausgezahlt. Ich kam mit weniger Gehen ins Ziel.

In Gedanken bereits beim letzten Lauf fuhr ich zurück.
Ich konnte ja nicht ahnen, dass es nicht so kommen sollte.

Wiederum zwei Wochen später, am Samstag vor dem letzten Lauf in Köln-Porz, lief ich noch eine Rechtsrum runde um den Harkortsee. Gegen Ende war mir ohne Grund unwohl. Aber zu Hause war alles okay und ich packte bereits meine Tasche für den letzten Lauf.

Sonntag, 28. Februar 2016

32.Winterlaufserie des LSV Porz e.V.
Lauf 3

Sonntagmorgen, aufstehen um 08.00 Uhr. Ein Blick in den Spiegel und ich wusste: „Du fühlst dich nicht nur schlecht, du siehst auch so aus." Kennst du das? Spieglein, Spieglein an der Wand, was ist das Ding da in dir drin? Mein Gott, was sah ich bescheiden aus. Ich wollte doch heute meinen ersten Pokal in Köln in Empfang nehmen. Komm, Junge, das geht schon, los, hopp hopp! Es ging aber nichts und ich wäre auch nicht weit gekommen.

Die Woche drauf war ich krank, richtig krank, komplett im Bett. Am nächsten Wochenende ging es mir zum Glück wieder besser und ich schrieb eine E-Mail an Helmut Urbach, mit der freundlichen Anfrage, ob „mein" Pokal eventuell noch da war und ich diesen, selbstverständlich gegen Überweisung der Paketkosten, bekommen könnte. Helmut meldete sich ein paar Tage später per Mail und sagte mir eine kostenlose Zusendung zu.

Supi! Mensch, was habe ich mich gefreut. Der Pokal hat bis heute einen Ehrenplatz im Wohnzimmer.

DANKE, Helmut!

Grob fehlten mir jetzt nach der Woche Krankheit 70 Kilometer. Hinzu kam, dass ich ja nicht direkt wieder Vollgas geben konnte. Erst mal musste das Antibiotikum aus meinem Körper. Knapp zwei Wochen später lief ich wieder an und los. Stirnlampe auf und Abend für Abend um den Hengsteysee. Die Entfernung passte in den Trainingsablauf in meiner App. Was nicht mehr passte, war der Mittwoch als Ausgleichstag mit Schwimmen. Schade, aber nicht zu ändern. Die Zeit bis zum Halbmarathon wurde kürzer und ich doch etwas nervöser. War ich beruflich unterwegs, konnte ich zum Glück immer mal ins Fitnessstudio wechseln. Das Fitnessstudio in Frankfurt war um 200 Prozent besser, gemütlicher, wärmer (und ich sage auch sauberer) als das in meinen Wohnort. Fassungslos machte ich meiner Meinung in einer E-Mail Luft und war gespannt, was mir das Management dazu schreiben würde. Ein paar Wochen später bekam ich eine Antwort, die mich zum Wechsel des Studiobetreibers beflügelte. Wie sagte schon meine Mama ...? Genau! Es gibt viele schöne Töchter und auch Studios, die als Kette überall in Deutschland verteilt sind. Empfehlen kann ich aus eigener Erfahrung das Training mit einer App. Die Programme bieten hier vielfach einen wirklichen tollen Trainingsplan an. Zusätzlich ist es schön, wenn man bei Facebook noch die Möglichkeit nutzt, sich in diversen Laufgruppen „schlauer" zu machen. Glaub mir, es gibt wirklich Läuferkollegen, die genauso ticken wie du oder ich damals. Was war ich stolz, mal im Monat 20 Kilometer gelaufen zu sein. Und warst du das nicht auch mal?

Oder bist du es gerade?

Dann sag doch einfach mal:

JA, ich bin STOLZ auf meine LEISTUNG.

Mach ruhig mal einen Post bei Facebook und
Co. mit Zeit und Foto
und allem drum und dran.

Merke dir:
Du bist schneller als jeder, der auf dem Sofa sitzt. Sprich darüber, ein anderer wird es nicht tun. Sei stolz auf jeden Meter, den DU geschafft hast.

36. Berliner Halbmarathon 2016

Samstag, 02.April 2016

Es waren nur noch wenige Tage, bevor ich in Berlin starten wollte. Die Anreise nach Berlin, knapp 500 Kilometer, lag vor uns und meinem ersten Halbmarathon. Christine und ich machten uns auf den Weg.

Wir kamen schon gegen Mittag an. Die Event-Messe zum Abholen der Unterlagen war um Längen größer als alles, was ich vorher gesehen hatte. Als Teilnehmer bekam ich mein Armband, meinen ersten Champion Chip und alle anderen Unterlagen. Wow … war hier was los. Es fühlte sich gut an. Als wäre ich von einer Dorfkirmes zur Cranger Kirmes gekommen. Massen von Leuten, Maskottchen, Teilnehmer und Verkäufer von Sportprodukten. Wahnsinn. Wir schauten uns noch etwas um und machten uns dann auf den Weg zum Hotel.

Im Hotel wurde natürlich sofort alles für den Lauf zurechtgelegt und die Startnummer mit Sicherheitsnadeln befestigt. Ich wusste nicht so richtig, welche Socken und Hose ich am nächsten Tag nehmen wollte. Ich war einfach zu aufgeregt, um mir einen Plan zu machen.

Das Wetter war gut und sollte auch so bleiben. Trocken und nicht kalt, für mich zum Laufen optimal. Das war wichtig, gerade weil ich den ersten Halbmarathon vor den Füßen hatte.

Ich befestigte den Champion Chip an meinem Schuh ... aber welche Laufhose sollte ich morgen anziehen? Die Dreiviertelhose, die normale lange oder lieber die lange für kühles Wetter? Mann, Mann, Mann, da stand ich vor einer „kriegsentscheidenden" Wahl. 21 Kilometer sind lang. Was, wenn mir zu kalt würde? Ich bin da sehr empfindlich. Aber zu warm wäre ja auch irgendwie blöd, oder?

Nur bei den Schuhen wusste ich genau, dass ich von meinen Lieblingsschuhen nicht auf andere wechseln würde. Mit diesen Schuhen war ich die langen Trainingsläufe angegangen. Nee, das ist wie beim Tanzen. Auf keinen Fall wechseln! Reine Erfahrung halt. Aber was den Rest betraf, da tappte ich im Dunkeln. Na prima.

Sollte ich 'ne Jacke mitnehmen? Morgens war es ja noch kühl. Die Jacke könnte ich dann ja bei Christine lassen. Puh ... der Punkt war dann mal geklärt. Den Rest würde ich mir morgen nach dem Aufstehen ansehen.

Wir konnten den Nachmittag und Abend angehen. Zuerst stand Berlin-Sightseeing auf dem Programm.

ACHTUNG!
NICHT zum NACHMACHEN empfohlen!

Abends kehrten wir dann in ein Brauhaus ein. Ich bestellte mir eine leckere Schweinshaxe mit Knödeln und allem drum und dran. Lecker, das kann ich dir sagen.

Das schlechte Gewissen meldete sich bald, denn ich machte mir Sorgen, dass dieses leckere Essen morgen auf den 21 Kilometer raus wollen könnte. DIXI-Klo, ich komme. Das waren meine Gedanken am Abend, aber lecker war es trotzdem.

Wir schauten uns in Berlin noch etwas um. Das Wetter spielte ja mit und so landeten wir noch im DDR-Museum. Was hier gezeigt wurde, war wirklich Kultur pur. Was und wie die Stasi gearbeitet hat, was war das für eine Überwachung damals.

Im Hotel angekommen, wollte ich eigentlich gerne so gegen 23.00 Uhr schlafen. Nur, was ich wollte, interessierte meinen Kopf mal so gar nicht. Ich war nervös und ging mental alles noch einmal durch. Jeden „verdammten Trainingskilometer". Aber, und das war wichtig, auch die sehr vielen schönen Läufe. Es waren die

in der freien Natur, die ich im Kopf hatte.
Irgendwann schlief ich ein.

Sonntag, 03. April 2016

Überpünktlich wurde ich wach. Die Aufregung
kam langsam wieder. Immer höher stieg der
Nervositäts Spiegel und machte sich in meinem
Körper breit. Brrrrrrr ... STOP ... Das brauche ich
nicht. Langsam machten wir uns beide fertig, um
zum Frühstück zu gehen. Ein Kaffee, O-Saft und
etwas Müsli mussten heute Morgen reichen. Nach
dem Frühstück machten wir uns auf den Weg
zum Start. Das Hotel lag direkt an der Strecke.
Die Absperrungen wurden gerade aufgestellt und
die freiwilligen Helfer wurden eingekleidet und
instruiert. Mensch, das war mal eine ganz andere
Nummer als alle anderen Laufveranstaltung
bisher. Der Fußweg zum Startbereich war grob
zwei Kilometer lang. Du kannst mir glauben, mit
jedem Schritt wurde ich ruhiger. Komisch
eigentlich, oder? Würde mein Training
ausreichen? Würde ich ins Ziel kommen? Ach was,
weg mit den „schwarzen Gedanken".

KLAR schaffe ich das hier! Wofür habe ich das
sonst alles gemacht? Ich laufe doch nur um die

goldene Ananas und nicht um die Krone. Mein Ziel war und ist es doch nur, vor dem Kehrwagen anzukommen. Und das schaffe ich! So. Und gut ist.

Bis ich im Startbereich den Startblock, nein, den Eingang gefunden hatte, dachte ich mir im Stillen, dass ich den Weg vom Hotel bis hierher glatt von der Distanz des Halbmarathons abziehen könnte, oder? Mensch, das war ein Weg. Im Startbereich war aufwärmen angesagt. Und das machte ich sogar extrem gut. Dehnen, kurze Läufe, springen und wieder dehnen. Christine war die ganze Zeit in meiner Nähe und spielte „Kamerakind". Ich bin ihr wirklich sehr dankbar dafür, die Erinnerung werde ich mir immer wieder mal ansehen. Wenn du kannst, nimm ein „Kamerakind" mit. Es ist wirklich cool. Teilweise wurden die Aufnahmen auch direkt per Facebook an unsere Freunde übermittelt, aber das erfuhr ich erst nach meinem Lauf. Allmählich wurde es voller im Startbereich. Die Sonne schien und es machte wirklich Spaß, mittendrin zu sein. Ich war im letzten Startblock und nach meinen Erfahrungen beim B2Run wollte ich auch nicht direkt wieder in die erste Reihe. Wofür auch? Nach dem Warmmachen und entsprechender Aufforderung durch den Sprecher am Mikrofon ging die erste Gruppe mit den Topläufern auf die Strecke. Es dauerte, bis wir uns nach vorn bewegten. Wir hörten, wie auch die nächste Gruppe nochmals „angeheizt" wurde und auf die Strecke ging. Es dauerte knapp 30 Minuten, bis wir an der Reihe waren. Hey, hoh … Hände in den Himmel und AC/DC schallte uns aus den Boxen entgegen.

Mit der Erkennungsmusik der Klitschkos Brüder ging es auf die Strecke. Im Vorfeld hatten Christine und ich abgesprochen, dass ich nach dem Start rechts laufe, damit sie noch ein paar Fotos machen konnte. So lief ich nach ein paar Metern an ihr vorbei und freute mich, hier zu sein. Ich winkte ihr zu und lief mit dem Pulk weiter. Vor Freude, es bis hierhin geschafft zu haben, liefen mir die Tränen die Wange runter. Der selbst auferlegte Druck, das Training durchzuhalten, verflüssigte sich im wahrsten Sinne des Wortes. Doch lange bevor ich das Ziel erreichte, waren sie wieder da, meine eingeschlafenen Füße. Ohne dieses Gefühl hätte mir auch etwas Wichtiges gefehlt. Außerdem lief ich mit. Und genau das war es, was ich nicht wollte. Ich wollte MEIN TEMPO laufen, nicht das der anderen. Ich versuchte, meine Gedanken zu ordnen und nicht denselben und dummen Fehler zu machen wie beim B2Run oder meinem ersten Lauf in Köln-Porz. Also fuhr ich meine Laufgeschwindigkeit runter. Das Brandenburger Tor lag bereits vor mir. Da war ich doch vor fast einem Jahr schon gewesen. Nur auf der anderen Seite. Ist schon witzig, oder?

BERLIN, da bin ich wieder!

Ab durchs Tor und dann Richtung Siegessäule. Wie sagt der Läufer? Es lief und zwar super gut. Die Menschenmassen am Rand feuerten uns alle an. Witzig war, da ja der Vorname vorne über der Startnummer stand, dass mich wirklich alle dänischen Fans lautstark unterstützten. Ich wusste schon, dass der Name

„Dirk" aus dem hohen Norden stammt, aber das überraschte mich trotzdem sehr. Gefreut hat es mich natürlich auch.

DANKE an alle Dänen dafür! Ich habe eure Zurufe nicht verstanden, bis auf meinen Vornamen natürlich, aber ich glaube, ihr wart für mich mehr als nur Unterstützung. Ihr habt mich ins Ziel gehoben. Ich nahm mir Zeit für die Kinder. Jedes Kind, das abgeklatscht werden wollte, wurde abgeklatscht. Manchmal, bei den ganz „kleinen", hatte ich das Gefühl, sehr klebrige Händchen „gepatscht" zu haben. Ach, egal. Das gehörte dazu und es war toll. Von der Siegessäule aus ging es zum Schloss Charlottenburg. Ich lief immer noch und konnte an den aufgestellten Event-Schildern sehen, dass bereits neun Kilometer hinter mir lagen. Nun machte die Strecke einen Linksknick und ich ab Kilometer 10 eine „Gehpause". Bis hier war ich gelaufen? Das hätte ich nicht erwartet. Geträumt hatte ich davon, keine Frage.

WAHNSINN!

Kurz nach dem elften Kilometer liefen wir wieder links rum und den gesamten Kurfürstendamm entlang. Auf Höhe der Gedächtniskirche gab es den ersten Stand, an dem es nicht nur Getränke gab, sondern auch Gel-Packs. Diese Packs sind reine Energy-Gels, die dem Körper gerade beim Sport das zurückgeben, was er verloren hat. Davon pfiff ich mir direkt mal zwei rein. Hallo, Beine? Wo seid ihr hin? Ich spüre euch gerade nicht. Ich ging ein paar Meter und genoss die Strecke inklusive der Stimmung. Zwischendurch hatte ich mich einfach mal zum Foto umgedreht, ehrlich was soll's, die Zeit nahm ich mir. Die Musiker, die Schilder, ja, das ganze Tamtam am Rande der Strecke nahm ich dadurch noch bewusster wahr. Toll. Und das alles, weil etwa 30.000 Läufer heute durch Berlin liefen und die City unbefahrbar machten. Ich lief nur noch von einem zum nächsten Kilometerschild. Dann ging ich wieder und später fing ich wieder an zu laufen. Langsam spürte ich meine Beine wieder. War es das Gel oder doch das Gehen? Ich glaube, es lag mehr am Gehen. Sorry, lieber Hersteller, aber Wundergel gibt es, glaube ich, noch nicht, oder? Checkpoint Charly lag vor mir. Wirklich cool, die Stadtrundfahrt per Turnschuh. Schick. Und wenn man mal ein paar Jahrzehnte zurückdenkt, dann hätte hier überhaupt niemand laufen können. Die letzten sehr langen Kilometer lagen vor mir. Kilometer 21! Rechts sah ich das Schild. Ich versuchte noch einmal, meine Beine schneller zu bewegen, dann rechts runter und ich sah das Ziel. Warum hatte ich eigentlich immer das Gefühl, dass das Ziel extra weit von der letzten Abbiegung aufgestellt wurde? Ich lief und lief und wurde schneller als gedacht. Woher kam das nun und warum erst jetzt? Keine Ahnung. Es fühlte sich gut an und ich flog durch Ziel. Tatsache war, dass ich danach keine Luft mehr hatte und mich rechts erst einmal sammeln musste.

Ich war **GLÜCKLICH** und mächtig **STOLZ** auf meine Leistung!

Meine Medaille bekam ich im Zielbereich, dazu ein leckeres Erdinger alkoholfrei plus Bananen und zum Warmhalten eine Folie. Prima. Das obligatorische Weizenbier schmeckte wirklich noch viel besser als nach nur zehn Kilometern. Mein Ziel hatte ich erreicht. Beim Gravieren der Medaille konnte ich sehen, dass meine Zeit bei netto 02:44:19 lag. Wow! Damit hatte ich überhaupt nicht gerechnet. Ich war und bin heute noch begeistert. Christine bat mich, mal mein Handy in die Hand zu nehmen und mir Facebook anzusehen. Sie hatte so einiges gepostet und selbst Freunde und Ex-Kollegen, die sonst nie etwas schreiben, hatten darauf reagiert. Alle hatten Respekt vor dieser, ja, meiner Leistung an diesem Tag. Ich war gerührt und DANKE noch heute allen dafür. Es ist schön, wenn die persönlichen Leistungen und Ziele so viel Zuspruch bekommen.

Wir gingen noch von einem zum anderen Stand und machten uns dann langsam auf den Weg ins Hotel. Wir würden ja noch bis zum nächsten Tag bleiben und, ehrlich gesagt, ich hatte Hunger und freute mich wirklich aufs Duschen und Umziehen. Vor dem Essen sah ich mir natürlich meine noch nicht offizielle Zeit im Internet an und beantragte direkt die große Foto- und Video-Zusendung. Wahnsinn, wie gut das ging. Direkt nach der Bestätigung hatte ich fünfzehn Fotos von mir im E-Mail-Postfach. Wirklich cool. Alles lief, also auf zum Essen. Danach stand das Abendprogramm in Berlin auf dem Plan. Ab ins Musical „Ich war noch niemals in New York". Apropos New York: Dort und nur dort wollte ich meinen ersten und einzigen Marathon laufen. Prima wäre es zu meinem fünfzigsten Geburtstag. Ein Traum ... aber hatte ich nicht schon mal einen Traum gehabt? (Weißt du noch? „Ich laufe um den Hengsteysee".) Mal sehen, was kommt. Jetzt genoss ich erst einmal den Erfolg, meinen ersten Halbmarathon gelaufen zu sein.

Am nächsten Tag gingen wir zu jedem Kiosk in Berlin, um eine BERLINER MORGENPOST zu bekommen. Diese Momente möchte ich nie vergessen und sie werden mich mein ganzes Leben begleiten. Es war DER erste Halbmarathon und wird es immer bleiben. Genau wie der erste Fünfer, Zehner, ganz egal, das sind die wirklich wichtigen, genau wie die erste Medaille. Meine habe ich beim B2Run-Lauf in Berlin 2015 erhalten. Auch diese wird immer in Ehren gehalten. Ehrensache.

Nettozeit 02:44:19

Keine Lust zu laufen

Einige Läufer hatten in den Foren bei Facebook davon gesprochen, aber dass man wirklich in ein „Loch" fällt nach einem solchen Event, hätte ich so nicht geglaubt. Ich wurde Laufmüde. Null Kilometer in den nächsten vier Wochen. Ich glaube, man hätte mir einen Hundert-Euro-Schein für fünf Kilometer anbieten können und ich wäre nicht in die Schuhe gehopst. Unfassbar. Aber dann ging es laanngsam wieder los. Immer ein bisschen mehr. Und ja, ich musste mich zwingen. Wer denn auch sonst? Ich laufe nur für mich. Also kann ich mich auch nur selbst in den Hintern treten. Glaubst du daran, dass es jemand für dich tut?

Na, dann mal viel Spaß beim Warten auf nichts. Das wird nichts.

Das Wetter spielte zum Glück weiter mit. Ich suchte mir hier und da mal einen Fünfer- oder Zehner-„Wettkampf" und fing wieder an mit dem Training. Ich schleppte mich mehr als das ich lief. Laufen konnte man das nicht so wirklich nennen. Ganze vier Kilometer schaffte ich beim ersten mal. Immer wieder ging ich in den nächsten Tagen laufen und so langsam kam auch das

Gefühl, ja der Spaß wieder. Heute glaube ich, wenn ich es nicht gemacht hätte, hätte ich meine Schuhe an den Nagel gehängt und einige schöne Erlebnisse nicht gehabt.

B2Run Dortmund 2016

Eigentlich muss man hier hierzu nicht mehr
sagen,
oder?

Einlauf in das schönste Stadion der **WELT!**

FERTIG.

Dieser Lauf musste einfach sein. Selbst wenn
ich die Strecke mit einer Gehhilfe hätte laufen
müssen, ich hätte es getan. Und das nicht, weil
ich „Dortmunder" bin, sondern wirklich aus
Begeisterung. Wenn die Südtribüne vor, während
und nach dem Spiel abgeht, einfach ohne Worte!
Wenn das gesamte Stadion **„You'll Never Walk
Alone"** singt, kommt der Gänsehauteffekt. Und
der Song würde gerade sehr gut passen, fand ich,
denn keiner lief hier alleine. Hier auf den
Tribünen gesessen zu haben und dann selbst
durch den Seiteneingang einzulaufen, das hatte
einfach was und war nur durch das Berliner
Olympiastadion zu schlagen. Was mich allerdings
wunderte, war, dass Dortmund für die Parkplätze
sieben Euro berechnete. Mann, Mann, Mann, das
muss aus meiner Sicht bei solchen
Veranstaltungen nicht sein.

Oder, DORTMUND?

Im Vorfeld des B2Run-Laufs hatte es wieder eine Kollegen Information gegeben, in der alle wichtigen Punkte bekannt gegeben wurden. Unter anderem wo der Treffpunkt war, wann wer laufen musste und wo wir gemeinsam noch das eine oder andere Bierchen trinken würden. Wir trafen uns also alle vor dem Stadion und gingen gemeinsam als ein TEAM hinein. Diesmal hatten wir auf den Tribünen unseren Platz, sodass wir uns ganz einfach einen guten Überblick verschaffen konnten.

Der Lauf war von der Strecke her eigentlich nicht schwierig. Ich hatte mich nur gleich nach dem Start mal wieder mitziehen lassen und das bedeutete für mich schon vor dem Westfalenpark „gehen". Schade. Wieder hatte ich es nicht geschafft, meinen Laufstil, meine Laufgeschwindigkeit (also Laufschnecke) einzuhalten. Vom Gefühl her wollte die kurze Strecke danach nicht enden. War ich nicht erst vor ein paar Wochen in Berlin einen Halbmarathon gelaufen? Hallo, Körper, danke dir für diesen Lauf. Okay, wir haben Urlaub in Tansania gemacht und ich konnte dort nicht wirklich laufen. Nur zweimal am Strand hatte ich es versucht. Einmal mit Laufschuhen, was im Sand aber nicht so wirklich ging, dann noch mal ohne Schuhe. Barfuß. Das fühlte sich toll an und ich lief auch eigentlich gar keine so schlechte Zeit im Sand. Ja, es lief, bis ich mit dem dicken Onkel des linken Fußes im Sand steckenblieb. Wer das schon mal gemacht hat, weiß, wovon ich spreche. Christine lachte sich schlapp. Sie wollte gerade ein paar schöne Lauffotos von mir machen, als ich, wie gesagt, mit dem Onkel feststeckte und mich schön nach vorne überschlug. Es ging so schnell, dass ich überhaupt keine Chance hatte, mich zu fangen. Bums, da lag ich schon am Strand rum. Das Pärchen, das mir von vorne entgegenkam, konnte sich auch nur noch gerade so halten. Aber ich hatte Schmerzen. Dicker Onkel, linkes Handgelenk und danach keine Lust mehr, auf Sansibar am Strand einen Versuch zu starten. Daran lag es einfach und am guten Essen natürlich ebenfalls. Ich bleibe eben ein Genussmensch.

Aber ich schweife gerade ab.

Zurück zum B2Run-Lauf in Dortmund. Mit der Zeit ging es dann so langsam wieder. Ich fand mein Tempo und kam diesmal nicht als letzter ins Stadion. Es ging ja hier zum Glück nicht um

„wer ist der Schnellste der Firma", sondern um den Zusammenhalt und das Gemeinschaftsgefühl unter Kollegen.

Wings for Life World Run 2016 – München

Sonntag, 08. Mai 2016

Im Urlaub in Ägypten 2015 hatte ich ja bereits davon gelesen. Laufen für die, die nicht mehr laufen können. Für einen guten Zweck laufen, finde ich sowieso gut. Auch wie der Ablauf sein sollte, das interessierte mich wirklich sehr. Catcher Car, Live-Übertragungen aus ach wie vielen Ländern.

Anmeldung und Hotel waren gebucht. Total klasse war, dass wir an diesem Wochenende am Samstag noch Bekannte in München treffen würden. Prima! Haxe essen und Weißbier trinken. Solltest du als Running Man oder Woman die Sache ernsthafter sehen, dann wirst du mich nicht verstehen. Macht aber nichts, ich liebe es einfach, nicht so verbissen ans Laufen heranzugehen. Bei Facebook lese immer wieder mal von „euch" Läufern und schmunzel dann genau so, wie du nun über mich erschrocken bist. Ob ich nun meine fünf Kilometer in der Zeit XX oder XY schaffe, spielt für mich echt keine Rolle. Wir holten also eben die Unterlagen am

Olympiastadion in München ab und gingen bei prima warmem Wetter in den Biergarten.

Am nächsten Morgen waren Christine und ich sehr früh am Stadion. Nach einem Rundgang legten wir uns ins Gras. Sonnenbaden macht auch in München Spaß. Interessanterweise war dort ein Kran mit einem Ballonkorb aufgebaut. Das mussten wir einfach machen! Also ab und schon standen wir in der überschaubaren Schlange. Zwanzig Minuten später waren wir im Korb und schauten uns das Ganze mal von oben an. Tolle Aussicht. Und ich bin nicht schwindelfrei. Egal. Es war einfach schön. Die Sonne in München lachte uns alle an. Der Startbereich füllte sich und die „gelben Läufer" wurden immer mehr. Alle trugen das vom einem Sportausstatter gesponserte T-Shirt. Es war einfach nur GEIL, hier mitzumachen. Auf den Großbildschirmen übertrug Servus TV von Red Bull immer abwechselnd von den verschiedenen Orten weltweit. Mal war es genauso hell wie bei uns, dann wieder sehr dunkel. Menschen rund um den Globus hatten Fun und machten sich genau so fertig wie wir, wie ich hier in München. Cool. Eine Welt, Menschen verschiedener Nationen, vereint für einen guten Zweck.

WIR LAUFEN FÜR DIE, DIE NICHT LAUFEN KÖNNEN.

Im Startbereich waren viele Teilnehmer mit Handicap, immer mit Läufern als Betreuer. Toll, dass es hier gemeinsam um Spaß beim Sport ging. Ich reihte mich hinten ein, wie immer bei meinen Läufen. Der Start erfolgte. Nur bis sich meine Gruppe bewegte, dauerte es erschreckend lang. Irgendwann konnten wir endlich langsam anlaufen. Wir bogen um die nächste Kurve und … ja genau … und nun? Wir standen komplett still. Die Strecke war an dieser Stelle zu eng für alle, die da durch wollten. Es dauerte gefühlt ewig, bis wir endlich wieder liefen. Die Strecke wurde breiter und es gab einige Wow-Momente. Beispielsweise kamen wir an eine eindrucksvolle Brücke, über die die anderen Läufer bereits in Scharen liefen. Ich konnte nicht anders, ich musste ein Foto machen. Nach einiger Zeit sah ich einen jungen Mann an einem Baum stehen. An seiner Haltung und Mimik konnte ich erkennen, dass etwas nicht stimmte. Alle liefen vorbei. Ich nicht. Der Läuferkollege war umgeknickt und hatte Schmerzen. Ich lief zum nächsten Polizisten zurück und bat ihn, Hilfe zu holen. Also weiter. Mensch, Dirk, du hast schon so viel Zeit verloren, gleich kommt das Catcher

Car und dann war es das schon, nach knapp vier Kilometern. Also weiter.

Nach knapp sieben Kilometern hatte mich das „Ziel" überholt und mein Lauf war zu Ende. Der Vorteil war, dass ich mit den anderen gerade ausgeschiedenen Läufern zu Fuß zurück in den Startbereich gehen konnte. Vom Hersteller des T-Shirts wurde noch eine kostenfreie Beflockung angeboten. Als ich dran war, teilte man mir mit, dass wohl mein Chip nicht funktioniert hätte. Das Problem sollte gefühlt fast alle in der Schlange ereilen. Komisch. Schade fand ich vor allem, dass wohl kein Video von meinem Zieleinlauf gemacht wurde. Das hätte eigentlich das Catcher Car machen solle. Da war ich echt traurig, es war aber leider nicht zu ändern. Meine App sagte, dass ich 7,2 Kilometer weit gekommen war. Das ließ ich mir dann auf das T-Shirt drucken.

Trotz alledem war es ein tolles Erlebnis.

2017 ist inklusive Hotel gebucht. Ganz besonders freue ich mich darüber, dass Christine im kommenden Jahr mitlaufen will. Egal, wie weit die Füße einen tragen, es ist einfach toll, hier dabei zu sein.

Maus, darauf freue ich mich jetzt schon sehr.

117

Cookie Monster Running

Sicherlich hast du dich schon öfter gefragt, was es mit dem „Cookie Monster Running" auf sich hat. Eigentlich ganz einfach. Da habe ich einen Spleen aus der Kindheit. Als kleiner Dirk hatte ich eine Handpuppe. Das sie wie das Krümelmonster aus der Sesamstraße aussah, muss ich wohl nicht mehr erzählen, oder?

Christine und ich waren im Sommer 2015 in Hamburg. Dort, in Hamburg, hatte ich ein Erlebnis, bei dem mir wirklich die Tränen in den Augen standen. Ich fand eine etwa 80 Zentimeter große Puppe des Krümelmonsters. Sie sah genauso aus wie meins damals. Manchmal gibt es Zufälle, die keine sind, oder doch? In diesem Jahr, Christine und ich waren gerade auf Sansibar im Urlaub, unterhielten wir uns darüber, was ich mir zum Geburtstag wünschte. Und eher als „loses" Gespräch kamen wir auch auf Tattoos. Nun, das Gespräch wurde runder und mein Geburtstagsgeschenk stand fest. Es sollte ein Tattoo vom Krümelmonster werden. Auf dem Foto ist mein neues Tattoo zu sehen und On-Schuh

.

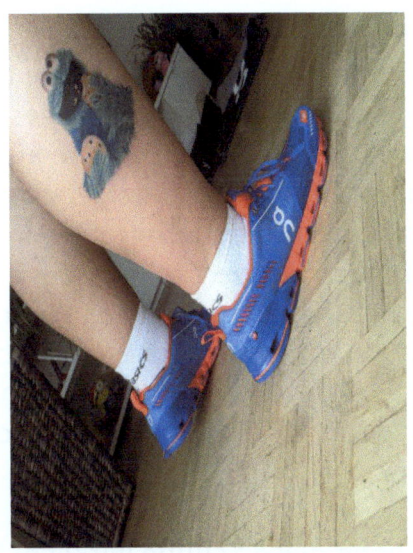

(unbezahlte Werbung)

Eigentlich hatte ich mich bei den B2Run-Läufen registriert, um Testläufer für On- zu werden. Damit hatte ich leider kein Glück. Alle Teilnehmer, wie auch ich, bekamen aber einen 20-Prozent-Gutschein für den Onlineshop. Die Schuhe gefielen mir. Vorsichtshalber sah ich mir die Rücksendebedingungen an. Oh, On hatte seinen Firmensitz in der Schweiz. Da ich keine Informationen über eine kostenlose Rücksendung fand, teilte ich On dies kurz per E-Mail mit. Gleichzeitig bedankte ich mich für die 20 Prozent.

Ein paar Tage später, es hatte zwischendurch noch einen kleinen E-Mail-Austausch gegeben, bekam ich wieder elektronische Post. Diesmal las es sich komplett anders. Man würde Läufer wie mich gerne unterstützen und mir deshalb ein Paar Schuhe zusenden. Das Ganze außerhalb des Testlaufprogramms. Das einzige, was ich tun müsste, sei, Information über meinen heutigen Laufschuh, die heutige Größe und meine Fußproblemzone mitzuteilen. Das war für mich ein klacks. Knapp eine Woche später bekam ich Post aus der Schweiz. Was soll ich sagen, On schenkte mir ein paar und ich wurde direkt Fan der Schuhe.

Ich liebe diese Schuhe wirklich! Bis heute, haben sie mich bei sehr vielen Läufen begleitet.

Many, oder wie Manfred und ich uns kennenlernten

Samstag, 18. Juni 2016

Sehr kurzfristig hatte ich in einer meiner Zeitungen dieses Event im Mai entdeckt. Hmm …warum nicht? So weit war Meinerzhagen/Attendorn nicht von mir entfernt, also bin ich mal eben hin, um 11 Kilometer mitzulaufen.

Bei Regenwetter kam ich an. Die Nachmeldung ging wirklich schnell und ich hatte noch genug Zeit, um mich ein bisschen links und rechts umzusehen. Es war eine niedliche Veranstaltung, toll aufgezogen. Ein paar Minuten später ging es los. 11 Kilometer lagen vor mir und den anderen. Gemütlich lief ich los und erreichte nach geschätzt 800 Metern und ein paar Kurven schon den Anstieg auf 210 Höhenmeter.

Und das in einem Stück. Hallo?

Das ist doch nicht normal hier. Okay, ich ging den Berg rauf. Immer weiter. Es folgten Kurven.

Immer wenn ich gerade wieder loslief, ging es nach der Kurve weiter den Berg rauf. Das Gute an solchen Situationen ist ja, dass es irgendwann aufhört. Kurz bevor ich oben ankam, war da ein Läufer vor mir. Auf den ersten Blick war er etwas älter als ich und ich glaube in diesem Moment genauso fertig. Wir fingen an, uns zu unterhalten. Eigentlich sprach er mehr mit mir als ich mit ihm. Meine Luft reichte einfach nicht, um komplette Sätze zu formen.

Das war unser erstes Treffen. Er kannte die Strecke, jeden Hügel, jede Kurve. Many und ich liefen wirklich bis ins Ziel gemeinsam. Fast wäre ich nicht mehr hierhergekommen, auf den letzten 200 Metern machte er so viel Speed, dass ich schon dachte, der Leibhaftige wäre hinter ihm. Es gibt ein nettes Foto von uns beiden genau in dieser Situation. Im Ziel tauschten wir nicht nur die Handynummern aus, sondern, bei dem einen oder anderen Krombacher alkoholfrei Weizen, auch unsere Running-Erlebnisse. Bis heute sind wir beide immer mal wieder in Kontakt und senden uns über WhatsApp und Facebook Lauflatein und Event-Informationen zu. Manche davon haben wir im Sauerland, wo wir beide wohnen, bereits gemeinsam bestritten. Landschaftlich waren es immer wieder tolle Erlebnisse, die wir beide hatten. Hier geht es meist über Stock und Stein, Berg rauf und Berg runter. Ganz anders, als zum Beispiel bei unserem nächsten gemeinsamen Laufevent, der Kölner Generalprobe vor dem RheinEnergie Marathon Anfang Oktober. Hier liefen wir beide die Halbmarathon-Distanz am 1. Oktober, leider bei strömendem Regen, aber dennoch mit guter Stimmung. Es zeigt mir, wie das Laufen und insbesondere das Rennen die Menschen verbinden kann. Die Leidenschaft, die jeder einzelne von uns beim Laufen verspürt, ist etwas Spezielles und diese Verbindung zu anderen Läufern zu haben, macht die eigene Erfahrung noch besser. Und manchmal, wenn das Glück es gut mit einem meint, entwickelt sich daraus sogar eine Freundschaft.

Manfred ist viel zu früh von uns gegangen, im Jahr 2020 mit gerade einmal 66 Jahren. Es heißt, man stirbt erst dann wirklich, wenn niemand mehr an einen denkt. Many, ich denke an Dich – und in meinen Erinnerungen wirst Du immer weiterleben.

Generalprobe Köln 2016

Sonntag, 26. August 2016
Startzeit: 10.00 Uhr. Über 30 Grad

Schon im Vorfeld war auf der Homepage der Leichtathletik-Team Deutsche Sporthochschule Köln e.V. zu lesen: ACHTUNG, trinkt am Wettkampftag genug. Es wird super warm mit mindestens 25 Grad!

Es war ja kein wirklicher Halbmarathon, nur die Generalprobe. Aber machte es das besser? Der aktuelle Wetterbericht sprach ab Mittag von knapp 35 Grad, es würde auf der Strecke fast keinen Schatten geben und dann sollte ich mal schlapp 21 Kilometer laufen?

Nö, das machen nur Idioten!

Kann sein. Und ich war einer davon. Many und ich hatten vorab festgestellt, dass wir uns beide angemeldet hatten. Vor dem Start sah ich ihn bereits auf der Tribüne sitzen. Mitten in der Sonne, oh, oh. Ohne mich! Das war mir zu warm. Jetzt schon.

Dabei hatte ich mich noch nicht einmal ein kleines bisschen aufgewärmt. Aufwärmen bei

35 Grad hört sich schon komisch an, oder? Ich ging also zu Many und wir sprachen kurz über die letzten Läufe. Aber nur ganz kurz. Ich musste aus der Sonne. Hilfe, war das warm.

Der Start kam näher, also mal die Muskeln anwärmen. Nach zwei Minuten fertig. So, kann losgehen!

Es ging los. Raus und rum ums Stadion, dann an selbigem vorbei und ab in den Wald. Na ja, Wald ist etwas viel gesagt. Es gab hier und da einen Baum, aber keinen Schatten. Der erste Wasserstand kam. Prima, gleich mal Wasser nachladen. Ich lief (auch aus), jede Pore war geöffnet und versuchte verzweifelt, meinen Körper zu kühlen. So stelle ich mir einen Lauf in der Sahara mit Joey Kelly vor. Mental ging es, aber mein Körper war überhaupt nicht auf dem Trainingsstand, auf dem ich sein wollte und sollte. Okay, es war nur die GENERALPROBE für den 20. Kölner Marathon (Halbmarathon für mich). Jeden Wasserstand nahm ich mit, auch jede Wasserdusche auf den zwei Runden. Das Gefühl während der Dusche war toll, eine wirkliche Erfrischung. Für gerade einmal zehn Meter danach hielt das auch an, dann kam die Wärmewand wie ein Hammer zurück. Wer einmal so etwas erlebt hat, hat eine Grenzerfahrung gemacht. Joey, keine Sorge, mich wirst du nie bei einem solchen Event von dir sehen.

Aber zurück zum Lauf. Wenn man die erste Runde hinter sich hat, wird es immer einfacher, finde ich. Das Ziel vor Augen zählte ich die Kilometer rückwärts. Es wurden immer weniger und das machte mich mental sehr stark in diesem Moment. Noch einmal am letzten Tisch mit Wasser nachgetankt. Super war die Idee der Helfer dort, uns alle, wenn wir es wollten, mit dem Wasserschlauch komplett abzuspritzen. Vollkommen nass und nachgetankt ging es in den letzten Bereich zum Ziel. Noch einmal durch die Duschen-Einheit und weiter in den Innenraum des Außenfeldes.

Ja! Yes, ich habe es geschafft.

Es gab hier keine Medaille, aber es war, ich möchte es nochmals betonen, eine GENERALPROBE für den 20. Köln Halbmarathon im Oktober. Das nun ausgeschenkte Krombacher Weizen alkoholfrei hatte ich mir heute wirklich verdienen müssen. Many kam nach mir ins Ziel, ebenfalls fix und fertig. Wir lagen beide auf dem Rücken, alle viere von uns gestreckt. Was für ein Lauf! Gespannt war ich auf meine Zeit, die mich aber erstmal ärgerte.

Nettozeit 02:46:00

Mensch, was war ich enttäuscht, nicht viel und lange, aber doch enttäuscht. Ich war so viel gelaufen seit Berlin und lag nun um schlappe zwei Minuten über der dortigen Zeit. Okay, es war echt warm, aber wenn ich eine Minute schneller gewesen wäre, dann hätte mir der Tag besser gefallen. Aber nun gut, ab ins Auto, Klima an und nach Hause. Ich wollte nichts mehr machen heute, so fertig war ich.

Meine Familie war am See in Köln. „Komm doch vorbei, es ist so wunderschön hier. Spring ins kalte Nass", sagten sie. Aber ich hatte für diesen Tag echt genug Sonne getankt und wollte nicht mehr ins Freie. Aber es war nett, dass wirklich alle versucht haben, mich an den See zu bekommen.

B2Run Köln 2016

Donnerstag, 30.Juni 2016

Vier Tage nach der Generalprobe für den Kölner Halbmarathon hatte ich an gleicher Stelle beim B2Run den dritten Lauf mit meinen Kollegen.

Als Fun-Starter sollte ich um 17.00 Uhr loslaufen. Ich fuhr also schon um 14.00 Uhr zu Hause los und dachte noch, prima, dann bist du selbst mit Stau spätestens gegen 16.00 Uhr da. Irgendwie hat Köln aber immer mal wieder was gegen mich. So auch an diesem Tag. Ich fuhr in Köln-Bocklemünd von der Autobahn ab und stand von da an nur im Stau. Es wurde bereits 16.30 Uhr und meine Kollegen riefen mich gefühlt zum zwanzigsten Mal an. Laut meinem Tacho war ich seit Verlassen der Autobahn ganze zwei Kilometer weitergekommen. Der letzte Lauf würde um 18.00 Uhr starten.

Um 17:30 Uhr rollte ich auf eine Ampel zu und war nur noch 300 Meter vom Parkplatz entfernt. Yes, passt! Weil ich telefonierte, merkte ich nicht so ganz, wo ich hingeleitet wurde. Es war nicht mehr „der" Parkplatz. Ich parkte das

Auto und machte mich mit dem Handy am Ohr auf den nun ziemlich weiten Weg zu den Kollegen. Dort angekommen gab ich die Tasche ab und ging direkt in die Startaufstellung. Los ging es. Puh, geschafft, dachte ich noch. Die fünf Kilometer Strecke gingen ganz gut. Ich war ja auch am vorangegangenen Wochenende bereits hier gewesen. Beim B2Run liefen wir nur andersherum und kürzer.

Zieleinlauf!

Mit der Medaille und meinem alkoholfreien Bier in der Hand ging ich zum letzten Rest meiner Kollegen. Es wurde schon dunkel und wir machten uns alle auf den Weg zu den Autos. Zum Auto. Au ja, damit war ich ja hergekommen. Nur, wo hatte ich es denn geparkt? So, da war mein Problem! Na prima, es wurde immer dunkler und ich hatte nicht die leiseste Ahnung, wo ich geparkt haben könnte. In welche Richtung musste ich gehen? Ich fragte Passanten, die mit ihrem Hund Gassi gingen. Kein Erfolg. Um es kurzzumachen, knapp zwei Stunden brauchte ich, dann war ich im Auto und durfte auch noch tanken. Hey, das war ja mal so wirklich mein Tag, vielen Dank auch. Ich war so froh, als ich zu Hause war. Mann, Mann, Mann.

Rund um den Fühlinger See 2016

Sonntag, 18. September 2016

Für diesen Lauf hatte ich extra zwei Shirts mit dem Aufdruck „Cookie Monster Running" anfertigen lassen.

Eins für Christine, die mitlaufen wollte (ich habe sie nicht gezwungen), und das andere für mich. An diesem See hatten wir bereits vorher einige Male gemeinsam mit den Kindern in der Sonne gelegen. Nun sollte es für Christine der 5-Kilometer- und für mich der 10-Kilometer-Lauf werden. Die Veranstaltung war wirklich sehr schön aufgebaut. Mir gefallen ja sowieso die „kleinen feinen" Veranstaltungen meist besser als die großen.

Der 10-Kilometer-Lauf ging an den Start, also auch ich. Die zwei Runden, dachte ich, machste mal eben aus der Hüfte. Tja, nur hatte ich nach der ersten Runde das Gefühl, dass meine Hüfte (bildlich gesprochen) kaputt war. Mensch, das gleiche Theater wie bei der Generalprobe zum Halbmarathon in Köln. Mann, KÖLN, du willst es diesmal aber auch wissen, oder? Nun gut, so leicht mache ich es dir nicht, KÖLN.

Ich kam ins Ziel, gerade so, aber ins Ziel.

Als Nächstes sollte der Start für den 5-Kilometer-Lauf erfolgen. Und da war ja auch meine liebe Christine schon. Und ab ging es für sie auf die eine, aber nicht leichte Runde. Das Bild von ihr, als sie wieder im Ziel angekommen war, werde ich wohl nie vergessen. Schatz, du sahst echt fertig aus! Du hast all meinen Respekt dafür, dass du überhaupt mitgelaufen bist. Nach dem Zieleinlauf gab es den „Apfel mit Biss" oder wie der Kölner sagt...gescheck vun mingem Äppelche.

Schön war's!

Mal sehen, ob es eine Wiederholung geben wird.

20. RheinEnergie Köln Halbmarathon 2016

Sonntag, 01. Oktober 2016

Wenn du jetzt glaubst, ich wäre meiner eigenen Aussage untreu geworden und den Marathon gelaufen, dann kann ich dich beruhigen. Neee, beim 20. Köln-Marathon bin ich den Halbmarathon gelaufen.

Köln, ich kam, ich lief, ich siegte. Soooooo!

Na gut, ich siegte über mich. Meine Laufeinstellung war mental einfach super stark, das Wetter spielte mit, aber, komm, ich fang von vorne an.

Im Vorfeld der Veranstaltung musste ich am Samstag nach Köln zur Marathonmesse fahren und schnell die Unterlagen abholen. Warum schnell? Es war einfach viel zu voll, um sich hier noch etwas in Ruhe anzusehen. Nee, da hatte ich echt keinen Bock drauf. Ich hatte mir vorgenommen, hier wieder, zum zweiten Mal, unser Shirt „Cookie Monster Running" beim Lauf zu tragen. Ich brauchte also kein Event-Shirt oder etwas Vergleichbares und hatte Geld gespart. Auch mal schön.

Also, zu Hause direkt die Startnummer an meinem Gürtel festgemacht, Hose und Socken raus gelegt, tja, und dann die Wetter-App befragt, was für Wetter wir am nächsten Tag haben würden. Es war schließlich Anfang Oktober, nicht mehr warm und auch hier und da schon mal nass. Mhh … so, und nun? Ach, egal, ich schau mir das morgen an, in Köln halt!

Aufstehen um 05.00 Uhr, Abfahrt um 06.00 Uhr. Was sind wir Running-Personen bekloppt, oder? Die Autobahn war frei und ich suchte mir an der Messe einen Parkplatz. Von hier bis zum Start fuhr ein Bus. So … welche Schuhe nehme ich? Nehme ich 'ne Jacke mit? Nö, es ist nicht ganz so kalt. Schuhe an und losging es in den Bus. Mann wurde der voll. Okay, umfallen während der Fahrt ging nicht. Prima, bei dem Fahrstil war das auch besser. UPS war hier für den Transport aller Teilnehmerbeutel zuständig. Also mal eben geschwind meinen Beutel mit Wechselklamotten abgegeben und weiter. So, die Sonne ging langsam auf und ich wollte genau davon jetzt ein Foto mit mir haben. Aber wer könnte das machen? Ach, da frage ich doch einfach mal einen netten Polizisten. Wer freundlich fragt, bekommt auch gerne ein Foto gemacht. Cool, was hier im Startbereich los ist. Der 11.11. war noch nicht, aber die Musik lief schon. Typisch Köln halt. Als alter Hase wusste ich natürlich, dass mein Startbereich ganz hinten sein musste. Und richtig, da war er auch zu finden. Nochmal kurz auf die Pipi-Box und dann warm machen für den Lauf.

Ich finde es immer erstaunlich, welche Bekleidungsstücke im Startbereich liegen gelassen werden. Sicher verstehe ich, dass Teilnehmer, wenn es kalt ist, noch einen Pulli mitnehmen. Aber die Sachen sehen fast nie „alt" aus. Solche Veranstaltungen sind sowohl für Flaschensammler als auch für Bettler und leider auch für Rentner wahre Fundgruben. Egal, ob es um etwas Warmes zum Anziehen geht oder darum, sich mit dem Pfandgeld etwas zu essen zu kaufen. Eigentlich ist das ein armes Deutschland, findest du nicht auch? Okay, ich will hier keine Politik betreiben, also weiter. Ähm, zurück zum Start.

Der wurde wie in Berlin in Etappen durchgeführt. Nach etwa 15 bis 20 Minuten waren auch wir in unserem Block dran. Und ab ging es auf die Strecke, über den Rhein und ins Getöse all der Fans in Köln. Wie in Berlin wurden wir Läufer mit Rasseln, Schildern und Musik begrüßt. Wahnsinn, das Gefühl, hier zu laufen, war einfach spitze. Sicher, auch hier gab es ruhige Abschnitte, aber seltener als in Berlin. Meine Kondition machte erstaunlich gut mit. Es lief einfach. Die Schilder der Fans waren klasse. „Lächle, du hast dafür bezahlt", war da zu lesen, oder „10.000 sehen dir zu, also lauf, du Sau". Herzlich, herrlich! Wir liefen und liefen. Es gab eine Stelle, da kamen uns die ersten Gruppen schon entgegen. Wir Läufer klatschten und hatten gemeinsam Spaß daran, uns gegenseitig Mut zu machen. Ja, es waren Mut und Respekt, die man spüren konnte. Als wir letzten Läufer wieder auf der Gegenseite runter liefen, kamen die, die als allerletzte bereits richtig gelitten hatten. Und wir klatschten nicht nur, sondern pfiffen und riefen aufmunternde Worte. Hinter diesen Läufern war wirklich schon der Kehrwagen unterwegs, inklusive Rettungswagen und Polizei. Wow, das hatte ich so auch noch nicht gesehen. Für mich lief es immer noch weiter und weiter, ohne große Probleme. WAHNSINN! Ich nahm ab Kilometer 10 jeden Trinkstand mit und lief und lief. Kurz vor dem Ziel wurden die Fans wieder mehr und ich kam bereits an der Laufzone vorbei. Okay, na dann mal weiter. Roter Teppich im Zielbereich. Ja! Ich war angekommen. Die laufende Uhr oberhalb des Ziels zeigte mir eine Zeit an, die besser war als meine in Berlin. „Hoppla", dachte ich und im selben Moment „das wird spannend".

Leider stoppten viele Läufer direkt nach der Ziellinie ab. Bitte mach das nicht! Alle, die noch nicht im Ziel sind, möchten schließlich auch eine gute Zeit laufen. Wie blöd ist das denn, wie soll man denn durchs Ziel laufen, wenn alle da herumstehen? Ich bekam meine Medaille und ging weiter in Richtung Versorgungsstände. Tja. Und nun? Alles war ein kompletter Stau, keine Chance, an etwas zu trinken zu kommen. An Bananen oder Ähnliches wollte ich gar nicht denken. Kölle, da kannste aber mal bitte nachlegen und dir von Berlin eine Scheibe abschneiden. Auch der Ausgang war komplett zu. Na toll, ich wollte eigentlich hier raus und meine Medaille gravieren lassen, dann meine Tasche holen und noch mal auf den großen Platz schauen. Endlich war ich durch das Nadelöhr durch und ging nicht, wie alle, Richtung Taschen abholen, sondern gegen den Hauptstrom Richtung Medaillen gravieren. Das war die beste Idee des Tages. Ich kam relativ schnell dran und ging dann zwar den ganzen Weg zurück zu den UPS-Fahrzeugen, um meinen Beutel abzuholen, aber das war mir echt egal. Dort wartete man schon fast auf mich. Die nächsten Beutel wurden gerade entgegengenommen, und zwar die der

Teilnehmer für den Hauptlauf, den heute der Marathon krönen sollte. Schnell an einer Hausecke mit dem Handtuch etwas trocken gemacht und das Oberteil gewechselt. Das war fast wie frisch geduscht. Okay, nur fast, aber ich fühlte mich in diesem Moment so.

So, nun lief ich Richtung Pendelbusstation am Dom. Ein Schild zeigte mir den Weg. Weiter, immer weiter über die Severinsbrücke und, zack, ich stand wieder im Startbereich. Hallo? Wo war denn hier nun der Bus zum Messeparkplatz P22? Mein Handy zeigte mir an, das ich nur etwa drei Kilometer vom Parkplatz entfernt war. Gut, dann lauf ich halt. Blöd, wirklich blöd! Ich kam auf dem Parkplatz an, nur war es nicht mein Parkplatz. Ich war auf P21 gelandet, aber der lag nicht direkt neben meinem, P22. Brüller! Also durfte ich direkt nochmal 500 Meter zurück und dann dreimal um die Tankstelle rum, Brücke rauf und einmal durch den Rhein schwimmen. Okay, nicht ganz so, aber schön ist echt anders. Ich war wirklich froh, am Auto angekommen zu sein und mich dann auf den Weg zurück nach Hause machen zu können. Meine Zeit war wirklich toll. Nie habe ich damit gerechnet, dass ich so extrem schnell sein könnte. Anfang des Jahres lag meine Zeit in Berlin bei 02:46 h und auch bei der Generalprobe war ich nicht schneller. Ich bin bis heute stolz auf dieses Ergebnis und würde mich noch mehr freuen, wenn ich es noch mal toppen könnte.

Hier und jetzt war das mein bestes Ergebnis.

Nettozeit 02:26:07

Kölle, wir sehen uns wieder 2017, das verspreche ich

Jahreswende 2016 - 2017

Meine Ziele für 2017

Ende Oktober, Anfang November 2016 beschäftigte ich mich so langsam schon mit den Zielen für 2017. Auf meinem Zettel standen bereits:

- **Winterlaufserie des LSV Porz im Januar und Februar**
- **10-Kilometer-Lauf Venlo im März**
- **37. Halbmarathon Berlin im April**
- **21. Halbmarathon Köln im Oktober**
- **Teilnahme an den B2Run-Läufen.**

Was ich nicht auf meinem Zettel hatte, war, dass es im Leben meistens anders kommt als gedacht. Und es kam anders! Genau am 01. Dezember 2016 legte ich einen satten Touch Down hin. Leider mit dem Kopf voraus, sodass ich erstmal ins Krankenhaus kam. Zwar konnte Christine mich zusammen mit Katharina nach einer Nacht wieder abholen, aber es machte halt einfach keinen Spaß.

Nun ja, ich war die nächsten vier Wochen krankgeschrieben und kenne nun wirklich fast jeden Arzt in der Umgebung mit Vornamen. Festgestellt hat man nur eine Menge von Kleinigkeiten, die aber in der Summe wohl zu meinem Sturz geführt hatten.

In der nächsten Zeit machte ich fast keinen Lauf mehr (bis auf die Winterlaufserie des LSV Porz in Köln) und begab mich erst ab Ende Februar in die Trainingsphase für Berlin.

Schlechter konnte es eigentlich nicht laufen, oder?

Mein Wiederbeginn 2017

Sonntag, 22. Januar 2017

Es wird weh tun und es tat weh

33.Winterlaufserie des LSV Porz e.V.
Lauf 1

Heute, am 22. Januar 2017, startete die 33. Winterserie des LSV Porz. Ich hatte mich schon vor Monaten angemeldet, aber nun stand der erste Lauf bevor, und ich hatte kaum trainiert. Anfang Dezember war ich ausgefallen, und erst vor knapp zwei Wochen ging es mir wieder besser. Also ab nach Köln. Christine fuhr, und ich konnte mich ganz der mentalen Vorbereitung widmen. Hört sich gut an, oder? Tatsächlich scrollte ich durch Facebook und las Nachrichten. Zwischendurch unterhielt ich meine Lieblingsfahrerin mit dem, was ich gerade gelesen hatte. Wir kamen an und fanden schnell einen Parkplatz. Ich holte meine Startunterlagen ab. Die Temperatur lag bei -1 Grad, aber es war sonnig und windstill. Zum Glück. Helmut machte seine bekannten „kölschen" Ansagen und wies darauf hin, dass die Dixi-Toiletten schnell zu benutzen seien. Herrlich! Sogar der Sohn von Joey Kelly nahm am heutigen Lauf teil. Ich hatte noch Zeit bis zum Start und ging noch einmal zu den Dixis. Besser ist besser.

Start!
Wie immer lief ich von hinten los. Nach knapp 1,5 Kilometern ging das Leiden auch schon los. Mensch, war das anstrengend. Luft hatte ich genug, da gab es keine weiteren Probleme, nur die Waden und Füße sprachen eine sehr deutliche Sprache. Hallo, wir sind nicht trainiert!, sagten sie die ganze Zeit. Ich näherte mich dem Startbereich und konnte Christine von weitem an meiner orange-blauen Jacke erkennen. Sie machte, als ich vorbeilief, ein Video. Mir war so ungefähr klar, wie ich gerade aussah. Gequält ohne Ende. Was ich nicht wusste: Sie schickte es an die gesamte Familie per WhatsApp. Auf zur zweiten Runde, erstmal einen Tee und die Geschwindigkeit komplett auf Null gesetzt. Ich ging, das war kein Laufen in meinem Körper. Hey Dirk! Komm, du wirst es schaffen, ermutigte ich mich selbst. Nicht in einer tollen Zeit und nicht so wie es Ende November 2016, also vor meinem Ausfall, war. Aber wollte ich das? Nö. War mir das klar? Ja, war es. Die Abschnitte, in denen ich nicht mehr laufen konnte, wurden häufiger, und es gab keine Besserung in den Waden. Endzeit 01:19:33. Egal, ich war da. Angekommen. Wurde von Helmut mit Handschlag begrüßt und ging,

nachdem ich Christine im Arm hatte, nochmals zurück zu ihm. Einfach um mich für den Schuhpokal vom letzten Jahr zu bedanken.

Samstag darauf, strahlender Sonnenschein, knapp über null Grad, wollte ich es wissen. Laufschuhe an und raus. Kurz warm gemacht und in Richtung unseres Wasserschlösschens gelaufen. Eigentlich hätte es klappen können, leider hat es das nicht. Meine Waden fühlten sich an, als ob ein Pitbull schon mal daran gelutscht hätte. Und meine Füße? Ohne Worte. Als, wenn sie in einem Schraubstock steckten. Wahnsinn! Keine 2 km weit kam ich und durfte schon wieder nur "gehen". Scheiße, es machte einfach keinen Spaß, dachte ich. Abbrechen, ging mir durch den Kopf. Das wäre der einfachste Weg. Kann es das sein? Nö! Also weiter. Ohne Hoffnung im Kopf, dass es besser werden würde. Mann, das schmerzt und nervt echt. Wieder nur gehen, nach gefühlt 500 Metern. Schraubstock und 7 Pitbull machten ihren Job wirklich gut. Das Spiel ging die nächsten 4 bis 5 km weiter. Dann, ich habe nicht mehr "heute" damit gerechnet, war beides weg. Wohin war es, so plötzlich weg? Ich lief wieder und es waren nur noch die mir allzeit eingeschlafenen Füße. Das Gefühl ist nicht toll, aber ich schaffe es zu ignorieren. Mensch, super, ich lief wieder.

Sonntag, 05. Februar 2017

33.Winterlaufserie des LSV Porz e.V.
Lauf 2

Zwei Wochen später, der gleiche Ort in Köln-Porz, die gleiche Distanz. Ein Unterschied machte diesen Lauf besonders spaßig: Meine Tochter Katharina und ihr Freund Alexander wollten mitlaufen, als Vorbereitung auf den 26. März 2017. An diesem Datum wollten wir (fast) alle in der Familie den Venloop in Venlo laufen. Alle die 10 km. Gebucht hatten wir es bereits im Herbst und ich hoffte, es würde allen gefallen. Nur Nadine wollte nicht mitlaufen. Das war für uns aber überhaupt nicht schlimm, so hatten wir jemanden, der auf die Taschen aufpasste. Zurück nach Köln: Kathi wollte nur die 5 Kilometer in Angriff nehmen, was sich als die richtige Entscheidung herausstellen sollte. Alex und ich liefen die 10 Kilometer. Als wir ankamen, war die Temperatur mit knapp 5 Grad, im Gegensatz zum letzten Mal vor zwei Wochen, sehr viel angenehmer. Die zusätzliche Jacke konnte also im Auto bleiben. Die beiden meldeten sich schnell an und wir warteten auf den Start um 11 Uhr für die 5 Kilometer. Im Zielbereich kamen gerade die Bambis ins Ziel. Jeder bekam eine Medaille um den Hals gehängt, die aussah wie ein Teller. Wirklich süß. Die meisten waren, und das mit Recht, mächtig stolz auf sich und ihr Ergebnis. Die Mami's und Papi's waren ebenfalls stolz und so war der Sonntag gerettet.

Es wurde 11 Uhr und Kathi ging auf die Strecke. Alex und ich machten uns etwas warm. Noch knapp 25 Minuten. Jep, auch die Zeit verging schnell. Start, und ich lief mit Alex los. Alex lief durch die Läufer weiter nach vorne und war bereits nach kurzer Zeit aus meinem Sichtfeld. Ich lief hinterher, in meinem Tempo. Mensch, ich hatte doch am letzten Wochenende trainiert, nicht viel, aber immerhin. Und warum tat mir schon wieder die Wade links, ähm, und dann rechts weh? Nun denn, ich schleppte mich also mal wieder um die erste Runde. Okay, die erste Runde ging vorbei, auf zur nächsten. Als ich oben am Start und Ziel vorbeikam, waren Kathi, Nadine und Christine dabei, mich anzufeuern, als ob ich der erste Läufer wäre. Ha ha ha, wirklich cool. Am Trinkstand erstmal ein Wasser. Ich überlegte wirklich abzubrechen, aber aufgeben liegt mir nicht und bringt mich ja auch nicht nach vorne, oder? Also auf zur zweiten, nochmal 5 km Runde. Scheiß auf die Wade, die Füße waren auch eingeschlafen, dachte ich.

Mensch, Körper, was ist denn los mit dir? Das hatte ich ja noch nicht mal, als ich Ende 2014 mit dem Laufen angefangen habe. Hatte ich schon gesagt, dass ich lange, einfach nur gerade Strecken, wo links und rechts nichts ist, hasse? Es ist so! Ich stelle mich auf diesen Abschnitten mental auf, tja wie soll ich das sagen, Durchzug trifft es wohl am ehesten, ein. Es ist als, ob ich schwebe. Die Zeit steht dann für mich gefühlt still. Das einzige, was dann im Kopf ist, ist das Ziel. Ich schaffte es, die erste lange Gerade so einigermaßen zu schaffen. Ich muss meine mentale Stärke noch etwas verbessern, aber auch das ist, genau wie Laufen, eine Frage der Übung. Meine Füße „wachten" langsam auf. Meine Wadenschmerzen verschwanden auch. Mann, Mann, Mann, ich hatte ja schon im letzten Jahr immer wieder festgestellt, dass mir Strecken von 3 bis 6 Kilometer nicht lagen. Längere aber schon, da mein Körper sich dann aufs LAUFEN eingestellt hatte. Wahnsinn. Ich lief nach gesamt 01:17:36 ins Ziel. Helmut begrüßte mich mit denselben netten Worten: da kommt der letzte Läufer der 10 km ins Ziel, was aber nicht stimmte. War mir und ist mir zwar immer noch egal, nur stimmte es nicht. Ach Helmut, du bist herrlich. Kathi war mit ihrer Zeit zufrieden, auch wenn im Nachhinein die nächsten Tage für Sie einen sehr starken Muskelkater bereithielten. Von null auf Einhundert geht halt nicht, auch nicht auf 5 Kilometer . Alex war mit 52 Minuten wirklich gut gelaufen.

Sonntag, 19. Februar 2017

**33.Winterlaufserie des LSV Porz e.V.
Lauf 3**

Der letzte Lauf dieses Winters im Königsforst. Noch einmal 10 Kilometer und dann ab in den Ski-Urlaub. Es waren 6 Grad, leichter Nieselregen, und, wenn ich ehrlich bin, hatte ich keine Lust. Ich hatte kaum trainiert, eigentlich gar nicht. Nur die beiden anderen Läufe vor zwei und vier Wochen. Mir war etwas kalt vor dem Start. Nun, um es kurzzumachen: Im Gegensatz zu 2016 wurde ich nicht mit einer besseren Zeit belohnt. Ich schleppte meinen Körper über die Strecke und ins Ziel. Nicht mehr und auch nicht besser war es. Aber, und das muss ich betonen, der Schuhpokal schlägt alle bisherigen Medaillen.

Mehr als diese Outdoor-Läufe in Köln-Porz konnte ich zunächst nicht absolvieren. Dafür gab es zwei sehr wichtige Gründe. Der erste Grund war, dass Christine sich einfach zu viele Sorgen machte, wenn ich abends mit Stirnlampe um den See lief. Und zweitens, weil meine Ärzte davon abgeraten haben – mindestens für die nächsten Monate. Also blieb mir nur das Wochenende. Dann konnte ich im Hellen laufen und keiner musste sich Sorgen machen.

In diesen Wochen habe ich wieder zugenommen, reines Frustessen aus Langeweile. Jeder kleine 5-Kilometer-Lauf machte mich fertig. Wenn ich an das letzte Jahr dachte, als ich 10 Kilometer am Stück lief und im Oktober beim Rhein Energie-Halbmarathon fast den gesamten Lauf durchgelaufen bin... Die Waden taten direkt weh und auch meine Zehen schliefen ein. Der Puls war sehr hoch und... ach, es machte wirklich keinen Spaß. Mental konnte ich nicht umschalten und einfach laufen, so wie sonst. Es war ein, bitte entschuldige, SCHEISS GEFÜHL.

Wie heißt es doch so schön: Wenn du verloren hast, kannst du nur gewinnen. Also folgte ich, wie so oft in meinem Leben, diesem Leitspruch und versuchte es. Ich lief und versuchte es immer wieder.

Das nächste größere Event kam ja bereits in Laufnähe.

10 KM - Venloop Venlo 2017

Sonntag, 26.März 2017

Eigentlich sollte es einfach sein, eine Woche vor dem Berliner Halbmarathon 2017 mal eben 10 km in Venlo zu laufen. Tja, wie gesagt, eigentlich. Mir fehlte jegliche längere Vorbereitung. Unser Familienausflug begann um 8 Uhr morgens. Erwähnen sollte man noch, dass uns allen bereits eine Stunde vom Staat gemopst wurde – Sommerzeitumstellung, ganz super diese Idee.

Nun ja, alle ins Auto und los. Knappe 140 Kilometer und eine Stunde später (stimmt nicht ganz, da Alex seine Startunterlagen zu Hause vergessen hatte – sorry, Alex, das musste sein) kamen wir in Venlo an. Soweit so gut. Parkplatz gefunden, Pendelbus genommen und schon waren wir ein paar Minuten später am Startbereich angekommen. Zum Glück sind wir sehr früh gefahren und hatten noch einen Platz gefunden, wo Nadine sich für die Wartezeit hinsetzen konnte. Nadine durfte, da sie nicht laufen wollte, automatisch auf unsere Sachen aufpassen.

Pünktlich ging es los und ich bin immer noch sprachlos über das Publikum, das uns direkt nach dem Start anfeuerte. Wahnsinn, was hier abging. Die gesamte Fußgängerzone der Altstadt in Venlo war voll mit Menschen, die uns an der gesamten Strecke durch die City anfeuerten. Der erste Kilometer lag schon hinter mir, da hörte es erst auf mit dem riesigen Andrang. Na ja, nicht wirklich, auch auf den folgenden Kilometern standen links und rechts Menschengruppen. Immer schön am Anfeuern, mit kleinen Tischchen und etwas Bier oder Wein für sich. Lecker. Und das bei dem Top-Wetter. Alex war schon lange aus meiner Sichtweite raus und wo die Mädels waren, war nicht so ganz klar, aber eigentlich auch egal. Jeder lief schließlich sein eigenes Rennen, oder? Nach circa fünf oder sechs Kilometern spürte ich zwischen meinen Beinen eine aufkommende Scheuerstelle. Ganz großes Kino. Warum hatte ich auch diese Laufhose angezogen? Ich wusste es ja eigentlich, aber ich hatte nicht mehr daran gedacht. Scheiße!, dachte ich. Es tat immer mehr weh, und das gerade mal auf der Hälfte der Strecke und eine Woche vor Berlin.

Was macht der Läufer? Richtig, weiterlaufen. Halt mehr die Beine auseinander und weiter. So kam ich im Ziel an. Mehr schlecht als recht, aber da. Meine Zeit war mit 1 Stunde und 7 Minuten gar nicht so schlecht. Nur der "Wolf" hatte mich tierisch gebissen. Alex lag mit knapp 54 Minuten vor mir und kann wirklich stolz auf diese Leistung sein. TOP Zeit. Glückwunsch nochmal an dieser Stelle. Christine und Katharina schafften es locker ins Ziel und absolvierten beide ihren ersten 10-km-Lauf. Zeitlich lagen sie wirklich gut. Kaum zu glauben, oder? Fast alle sind heute gelaufen. Fast alle halt, nicht wahr, Nadine? Auch du kommst noch mal mit. Die Stimmung am Ziel war wirklich top und Venlo war mit nichts zu vergleichen, was ich bisher erlebt habe. Das Gleiche gilt auch für die Medaille. Hier könnten sich einige Veranstalter eine Scheibe abschneiden. Sicherlich ist es immer Geschmackssache, aber diese Medaille wirkt nicht nur hochwertig, sie ist es auch. Wir machten uns so langsam auf den Rückweg. Da meine Mama noch ihren 76. Geburtstag feierte, wollten Christine und ich auf einen Kaffee vorbeifahren. Bevor nun jemand fragt, wie man nur am Geburtstag der Mutter laufen gehen kann, muss ich sagen, dass "Feier" nicht wirklich auf dem Plan meiner Mama stand und es für sie in Ordnung war. Also alles okay.

Meinen Venlo-Wolf nahm ich mit.

Als ich die Nachricht per E-Mail bekommen hatte, dass die Videos für alle fertig waren, musste ich schon sehr lachen. Meine beiden Frauen waren echt immer im Bereich der Videoaufzeichnungen am Quatschen und nur noch im wir gehen mal ein Stück- Tempo unterwegs. Außer im Zielbereich, da waren sie dann beide im Sauseschritt unterwegs.

Vorbereitung für Berlin?

Alle Läufe, die ich seit Januar dieses Jahres gelaufen bin, waren für mich echt extrem schwer. Nach knapp 20 Minuten taten mir immer die Füße weh. Meistens schlief mir der linke Fuß so ein, dass ich schon nicht mehr wusste, wie ich ihn aufsetzen sollte. Auch kleine Gehpausen brachten nicht den erhofften „Hallo-Wach"-Effekt zurück. Nicht nur einmal habe ich gedacht, ich schmeiße die ganzen Laufsachen weg. Dann hätte ich echt mehr Platz in meinem Schrank. Mindestens zwei große Schubladen und im Schuhschrank wären auch knappe acht Paar Schuhe verschwunden. Und dann? Was mache ich dann? Schachspielen? Mikado? Das sind zwar schöne Spiele, aber nichts für mich. Auch würde es nichts, aber auch gar nichts an meiner Fitness ändern. Ich bin gespannt, wann ich wieder auf dem Level vor meinem ersten Halbmarathon in Köln bin.

37. Berliner Halbmarathon 2017

Samstag, 01.April 2017

Der „Wolf" aus Venlo war immer noch da und reiste einfach mit mir nach Berlin. Ich hatte in den letzten Monaten kaum trainiert, also die besten Voraussetzungen für meinen ersten Halbmarathon 2017. Trotzdem freute ich mich total, wieder in Berlin zu laufen, ein Jahr nach meinem ersten Halbmarathon. Am Samstag ging es los nach Berlin, knapp 500 km Autobahn lagen vor Christine und mir. Gegen 14:00 Uhr kamen wir an der Vital Messe an und ich holte wie ein „alter Hase" meine Unterlagen ab. Das Wetter hatte sich auf 17 Grad geschraubt. Prima, also schnell ins Hotel und ab in die Restsonne in Berlin. Im Alex am Alexanderplatz nahmen wir auf einen Absacker Platz. Wunderbar! Und da war es wieder, mein schlechtes Gefühl: Morgen wirst du leiden… Wir gingen nach dem Essen sehr früh ins Hotel und schliefen auch sehr früh ein.

Sonntag, 02.April 2017

07:00 Uhr: Aufstehen, Anziehen und Frühstücken. Das sollte einfach sein, hatten wir gedacht. Es wurde aber nicht einfach, sondern fing direkt damit an, dass unten kein Tisch mehr frei war. Nach ein paar Minuten hatten wir Glück und bekamen einen Tisch. Nun fehlten die Kaffeetassen. Nicht nur uns, sondern gefühlt zehn Personen. Na klasse! Das Personal konnte nichts dafür, sie waren einfach zu wenige für den Ansturm von Läufern, die fast alle zur gleichen Zeit frühstücken wollten. Wir bekamen nach etwas Zeit und einem kleinen Hinweis unsere Kaffeetassen. Das Frühstück konnte beginnen.

Nun ja, ich wollte mir nicht zu viel reinwerfen, schließlich sollte sich mein Körper aufs Laufen konzentrieren und nicht auf die Verarbeitung des Frühstücks. Nach dem Frühstück befestigte ich meine Startnummer an meinem T-Shirt und suchte die anderen Utensilien zusammen: meine beiden kleinen Trinkflaschen, Taschentücher, Feuchttücher und alles, was man als Läufer noch so braucht. Wir gingen die knapp zwei Kilometer Richtung Start- und Zielbereich. Die Luft außerhalb des Hotels war um 8:30 Uhr noch etwas kühl. Der Tag versprach aber, in Berlin fast so warmzuwerden wie am Vortag.

Im Startbereich „F" machte ich mich langsam etwas warm. Noch war hier nicht wirklich viel los. Das änderte sich mit jeder Minute, bis es 9:40 - 10:00 Uhr wurde und wir alle wie Schafe im Gatter standen. Ehrlich, so fühlen Schafe sich doch, oder? In der Menschenmenge sah man wirklich die unterschiedlichsten Typen: Einer lief nur im grünen Borat-Kostüm durch das Feld, ein anderer hatte ein Minion-Kostüm an. Das Top-Läuferfeld startete pünktlich um 10:05 Uhr. Der Rest der Schafe, auch ich, erst circa 30 Minuten danach. Die Route: Erstmal am Brandenburger Tor vorbei Richtung Siegessäule. Ich hasse lange Geraden und wenn man dann noch mal „klein" muss... Okay, also kurz mal rechts ins Gebüsch und etwas Gewicht verlieren. Ach ja, da war ja noch was mit der Siegessäule. Die lag noch immer weit vor mir. Hatte ich schon gesagt, dass ich lange, nie endende Geraden hasse? Wahrscheinlich ja. Es ist wirklich nicht einfach, mental kein Ende einer Strecke zu sehen und zu laufen. Toll, was die Musikgruppen hier am Kreisverkehr zusammen mit dem Publikum veranstalten. Das kann man gar nicht beschreiben, nur selbst erleben. Bis hierher ging es mir nach knapp zwei bis drei Kilometern wirklich gut. Weiter ging es Richtung Schloss Charlottenburg, Kilometer 10 war durch. Ich merkte ganz plötzlich, dass mein Wolf mit im Rennen war. Noch klein, aber ich hatte etwas Sorge, dass er wachsen könnte. Der Wolf biss sich immer mehr fest. Um Kilometer 14 war er dann wirklich sehr erwachsen geworden, ach, das kleine Scheißerchen. Auch hier wurden wir alle angetrieben, der DJ meinte, dass 2/3 der Strecke, also 14 Kilometer, hinter uns liegen würden und nur noch 7 Kilometer vor uns. Umkehren wäre jetzt wirklich blöd. Stimmt. Ich hätte ihn töten können. Vielleicht einfach nur wegen meinem Wolf. Mensch, der tat immer mehr weh und ich lief schon anders. Wolf an der linken Seite und schon kam mein nächstes Problem. Durch die Schmerzen trat ich nicht richtig auf und schon tat mir die Fußsohle links zusätzlich weh. Ich freute mich! Kilometer 15 und ich konnte mich schon fast nicht mehr bewegen. Kilometer 16 lag in weiter Ferne vor mir und ich lief wie in einem Tunnel. Das Gefühl kannte ich gar nicht. Wie beschreibt man einen Lauf im Tunnel am besten? Ich versuche es mal so: Mental hast du alles um dich herum ausgeschaltet. Keine Musikgruppe, kein Publikum, das du noch hörst. Die Gedanken fixieren sich nur noch auf den nächsten Schritt. Schritt für Schritt. Du hast das Gefühl, als ob der Blickwinkel deiner Augen schmaler wird. Es fühlt sich fast an wie „high" zu sein! Wie schweben. Wo war Kilometer 16? Tja, leider blieb der Tunnel nicht bei mir, um mich ins Ziel zu bringen. Kilometer 16 kam, Kilometer 17 und auch 18 und 19. Mit jedem Schritt wurde es schlimmer und der Wolf größer. Der linke Fuß schmerzte immer mehr und ich ging wirklich mehr, als ich eigentlich wollte. Na ja, ohne Training hatte ich auch nicht mehr erwartet als einfach „anzukommen", aber musste es mit Schmerzen sein? Vielen lieben Dank an den Sportgott. Auch Kilometer 20 und 21 kamen, mussten ja kommen, oder? Mann, Mann, Mann, dauerte das und ich ging immer öfter. Laufen? Vielleicht den letzten Kilometer noch mal. So war es auch. Ich lief zwar immer wieder etwas zwischendurch, aber wirklich nur noch den letzten Kilometer.

Nach meinem Zieleinlauf nahm ich mir erstmal eine Umhängefolie, um warm zu bleiben. Lecker, das alkoholfreie Weizenbier! Langsam und viel entspannter verließ ich den Zielbereich. Draußen rief ich erstmal meine Christine an. Diese vergnügte sich gerade an einer heißen Kartoffel. Ich machte mich auf den Weg, um meine Medaille gravieren zu lassen. Ach du Schande! Was war denn hier los? Okay, das kann dauern, bis ich dran bin. Nach knapp 20 Minuten, Christine hatte bereits die Kartoffel verdrückt, als ich endlich vorne ankam. Oh, ich muss erneut warten, bzw. nebenan meine fertige Medaille abholen. Also wieder anstellen und warten. Darüber sollte das Organisationskomitee noch mal nachdenken. Aber auch das ging irgendwann vorbei und wir zurück ins Hotel. Den Rest des verlängerten Wochenendes haben wir Berlin in vollen Zügen genossen. Wir hatten ja top Temperaturen.

Ich kam ins Ziel, glücklich aber nicht zufrieden mit mir.

Paderborner Osterlauf 2017

Der Lauf in Paderborn hat Tradition, das sieht man auf den ersten Blick. Was hier vom SC Grün-Weiß 1920 e.V. Paderborn jedes Jahr aufgebaut und bestritten wird, das müssen andere Vereine erstmal nachmachen. Eigentlich sollte man meinen, dass es die großen Städte wie Köln oder Berlin sind, die eine lange Läufergeschichte haben. 71 Jahre für Paderborn, Wahnsinn!

Im Vorfeld der Anmeldung sprechen die Kommentare von einer großen, aber überschaubaren Veranstaltung zu Ostern. Es gibt wie fast immer 5 km, 10 km und einen Halbmarathon. Ich habe mich für die 10 Kilometer angemeldet. Warum nicht mehr?
Genau genommen, war es wieder falsch, ohne großes Training anzutreten.

Der Lauf startete am Ostersamstag, geschmeidig um 12:40 Uhr. Also alles echt top, um auszuschlafen und die 120 km nach Paderborn zu fahren. Parken auf dem Nixdorf-Mitarbeiterparkplatz. Ab hier fuhren die Shuttle-Busse zum Start- und Zielbereich. Was hier wirklich auffiel, war die Disziplin, die alle „Busbenutzer" hatten. Es gab eine wirklich sehr lange Schlange von wartenden Hobby-Athleten. Es ging eigentlich sehr schnell, bis ich im Bus war und mit den anderen zum Startbereich gebracht wurde. Unterwegs sprach mich ein anderer Läufer an, der wie ich das Gefühl hatte, dass der Bus extrem überbelegt war. Aber was soll es, wir wollten alle zum Start und der Bus war sicher, da war ich mir sicher. Der Busfahrer fuhr die Strecke sehr vorsichtig und nahm auch die Kurven, so, das wir alle heil ankommen mussten. Die Fahrt dauerte nicht lange. Nach dem Aussteigen schaute ich mir den Vorplatz und die Buden an. Überschaubar war es hier, wie bei einer Dorfkirmes auf dem Land. Gerade das macht diese Veranstaltung für mich besonders. Meine Güte, ist das voll hier, gefühlt voller als Berlin. Es waren gerade einmal 8 Grad Außentemperatur. Der Himmel zeigte leichte dunkle Wolken. Hoffentlich kommt jetzt kein Regen auf. Muss nicht wirklich sein. Zum Glück hatte ich mich etwas dicker angezogen, trotzdem fröstelte es mich leicht. Für die Gruppe "C" war der Startbereich noch nicht geöffnet und wir standen alle davor und warteten.

Um 12:30 Uhr wurde der Bereich geöffnet und wir begaben uns nach und nach alle in den Startbereich. Ab ging es um 12:40 Uhr, immer schön in den Gruppen einzeln nach vorne.

Knappe 10 Minuten später ging es los. Ehrlich gesagt war ich nach Venlo und Berlin etwas enttäuscht von mir. Ich schleppte mich mehr daher als das ich lief. Hinzu kam, das an der Strecke erstmal sehr wenig los war. Vielleicht wäre es mir einfacher gefallen, wenn am Rand der Strecke mehr Unterstützung am Anfang gewesen wäre. Diese Strecke ist für mich tödlich, denn sie hat sehr viele gerade Abschnitte. Unendlich lange geradeaus, fast keine Menschen an der Strecke. Ich muss Paderborn aber in Schutz nehmen. Bei 8 Grad und Nieselregen wäre ich auch nicht an der Strecke. Mein Respekt an die, die trotzdem den bekloppten Läufern zugesehen haben.

Ich kam nicht wirklich in den Tritt, den ich gerne gehabt hätte. Die ersten 5 Kilometer liefen noch so la la, aber die letzten 5 Kilometer fast genauso wenig wie in Berlin.
Ach Mann, ich muss wieder mehr trainieren. Nach dem Zieleinlauf wollte ich nur noch kurz die Medaille gravieren lassen. Oh Mann, was für ein Unterfangen. Ab in die Sporthalle und nach circa 15 Minuten und dreimal fragen, kam ich auch endlich am Stand an. Meine Orientierung war einfach nicht gegeben an diesem Wochenende.

Der Gravierstand war zum Glück frei und nicht so unorganisiert wie in Berlin. Paderborn, ich komme sehr gerne wieder. Ich habe hier trotz allem einen schönen Lauf gehabt und einer der schönsten Medaille in meiner Sammlung.

Wings for Life World Run 2017 - München

Samstag, 06.Mai 2017

Bereits 2016 hatte ich meine Anmeldung und die für Christine online vorgenommen.

Im Januar 2017 stellte sich heraus, dass wir genau an diesem Wochenende unseren zweiwöchigen Urlaub beginnen würden.

Nun ja, was soll man machen? Event absagen? Och nö. Dann fliegen wir halt zwei Tage später erst los. Kurzerhand wurde im Hotel in München noch eine Übernachtung mehr gebucht. Dieses Jahr wollte ich eigentlich die 7,2 Kilometer aus dem letzten Jahr knacken. Meine Vorstellung lag bei knapp 10 Kilometern, bis das Catcher Car mich fangen sollte. Ich war besser vorbereitet als letztes Jahr und zur Unterstützung beim Laufen wollte Christine mitlaufen. In der Woche vor dem großen Event jedoch fiel Christine fast komplett aus – Bandscheibenvorfall!

Punkt! Lauf gestrichen und eventuell unser weiterer Urlaub auch... Das Laufen fiel für sie aus und alle weiteren Behandlungen und Untersuchungen standen erst nach unserem Urlaub auf dem Plan der Doktoren.

Nun begann unser Urlaub halt mit einem „Wings for Life World Run" in München, auch wenn ich den alleine laufen musste. Wir machten uns am Samstag gemütlich auf die Reise. Ruhrgebiet-München = 600 km. Tja, zum Mittagessen sollten wir da sein, oder? Kleiner Scherz. Wir kamen am frühen Nachmittag an und holten unsere Startunterlagen ab. Das Wetter war prima mit knapp 20 Grad und Sonne satt. Aber für den Lauf war schon Regen und Gewitter angesagt. Ehrlich gesagt, ist das kurz nach dem Start eh egal. Schwitzen gehört zum Laufen dazu und wenn dann noch mehr Wasser von außen hinzukommt, spürt es kein Mensch. Na prima! Christines T-Shirt passte nicht richtig, wahrscheinlich hatte Sie mir eine falsche Größe mitgeteilt, aber so wie wir Männer sind, habe ich nicht richtig zugehört. Du fragst dich gerade, warum Christine ihre Unterlagen trotzdem abgeholt hat? Alles war bezahlt und konnte nicht zurückgegeben werden. Der große Vorteil war jedoch, dass sie am Sonntag mit der Startnummer in den für Teilnehmer geschlossenen Bereich kam. Nachdem wir am Erdinger Stand ein alkoholfreies Bier, bei

Gerolsteiner Wasser, zwei Dosen Red Bull mitgenommen, HIPP – Früchte im Tetrapak probiert und jeder eine Schüssel Nudeln vernascht hatten, machten wir uns auf den Weg zum Hotel. HIPP – Früchte im Tetrapak brauche ich nicht wirklich, da esse ich lieber einen Apfel pur.

Am Nachmittag ging es, wie sollte es auch sein, in den Biergarten. Einfach immer wieder lecker und gesellig in Bayern.

Sonntag, 07.Mai 2017

Nach dem Frühstück machten wir uns ganz langsam fertig. Schon beim Wach werden hörte ich den Regen. Na toll, danke München! Wir kamen am Olympiapark an und hatten Glück, dass wir noch einen Sitzplatz unter dem Dachbereich gefunden hatten. Genau dort, wo wir standen, gab es für alle Teilnehmer die Möglichkeit, sich von einem sehr lustigen Fotografen ablichten zu lassen.

Es war toll, das Ganze selbst mitzumachen, aber auch den anderen Teilnehmern zuzusehen. Beeindruckend, wie er mit jedem umging. Ob es nun der kleine Junge im Rollstuhl mit seinem

Vater war, die Gruppe von 15 Läufern oder das Pärchen mit Hund. Hund? Ja, Hund. Der durfte zwar nicht mitlaufen, hatte aber auch ein gelbes Teilnehmer-Shirt an. Einfach cool! Im Startbereich, der im oberen Bereich des Olympiastadions lag, zog es ohne Ende. Mensch, was ist das kalt hier und dazu noch nass. Ich werde mir für den Fall der Fälle mal ein paar blaue Müllsäcke oder die kleinen Pakete, in denen immer die Regenjacken für nur eine Nutzung drin sind, für später ins Auto legen. Es dauerte noch gut 15 Minuten, bis der Start erfolgen sollte. Brrr... Aber wie sagen wir alle immer? Auch das geht vorbei. Stimmt. Der Start erfolgte und zu meiner großen Verwunderung verlief die Strecke anders. Okay, mal sehen, wie es diesmal wird.

Leider gab es wieder direkt nach ein paar hundert Metern einen Engpass. Es staute sich massiv und alle blieben stehen. Nichts ging mehr und das über einen Zeitraum von 10 Minuten. Sorry, aber stehen und das nichts mehr geht, das geht gar nicht! Aber auch das ging rum. Nur leider hatten alle um mich herum sehr viel Zeit dadurch verloren. Zeit, die wir aber benötigen, um von dem Catcher Car wegzukommen. Schade. Nicht, dass es wirklich einen riesigen Unterschied gemacht hätte, ob ich nun knappe 6 oder 10 Kilometer schaffe, aber es soll ja auch etwas anspornen. Sonst könnten doch alle direkt eine Spende überweisen, so ohne Spaß und Sport halt, oder?

Wie prophezeit war der Lauf für mich nach knapp 5,6 Kilometern beendet. Was wirklich gut gelöst ist:

Nach dem Ausscheiden kann man in wenigen Metern direkt wieder in einen Pendelbus einsteigen und relativ schnell zum Ziel zurückkehren. Im Ziel schaute ich mir noch die ersten Läufer weltweit an. Wow, die waren schon weit über die Halbmarathon-Distanz gelaufen. Hey, hier im Start-/Zielbereich waren sogar Regenjacken in Kartons noch verpackt. Ich nahm mir zwei Regenjacken mit und machte mich langsam auf zum Treffpunkt mit Christine.

Für 2018 plante ich meine Teilnahme in Gedanken bereits für Belgien, da waren wir auch noch nicht und es liegt von NRW ausgesehen vor der Tür.

Training muss sein

Ägypten Urlaub 2017

Nach dem Wings for Life Run in München im strömenden Regen tut es gut, wieder in der Sonne zu laufen. Wie du dir vorstellen kannst, ist Laufen in Ägypten etwas anderes. Die Straße in Hurghada war für einen normalen Spaziergang gerade noch geeignet. Aber im Laufschritt und mit etwas Luftnot doch schwieriger. Keine Sorge, „Luftnot" bekomme ich bei sehr hoher Luftfeuchtigkeit immer. Die Steine des Pflasters stehen schon mal etwas höher, zusätzlich kann es auch sein, dass mal der ein oder andere Pflasterstein fehlt. Ich möchte aber betonen, dass es ohne Probleme und Angst zu machen ist, hier zu laufen. Wie bereits 2015 in Scharm-EL-Scheich läufst du hier eigentlich immer unter Militär- bzw. Polizeischutz, also alles gut. Der größte Unterschied zu Scharm-EL-Scheich war, dass ich nachmittags gelaufen bin, so ab 16:30 Uhr bei etwa 30 bis 32 grad, Sonne und Schatten gemischt. Nie ohne Wasserflasche aus dem Hotel. Ohne Wasser wäre ich gar nicht eine Runde, so knappe fünf Kilometer, gekommen. Meine persönliche läuferische Erfahrung zeigte mir auch hier wieder, dass ich hohe Luftfeuchtigkeit nicht wirklich mag. Ich komme nicht vom Fleck, von "Zeiten" hier zu sprechen wäre gelogen, aber ging es darum? Nö, mir nicht wirklich. Sicherlich möchte ich im Tritt bleiben und auch für den nach unserem Urlaub anstehenden B2Run Lauf in Dortmund etwas tun, aber mehr ging es mir darum, die Leute und die Kultur aufzusaugen. Die Taxifahrer, die einen immer gerne wieder ins Hotel bringen wollen, immer schön am Hupen und mit dem Arm wedelnd. Dabei immer mit einem Ohr im Handygespräch vertieft. Auch die Händler von der abendlichen Einkaufsmeile, die abends, trotz anderem Outfit, genau wussten, dass ich gelaufen bin. Nun ja, mein Tattoo macht's möglich. Es ist einfach schön und wenn dann noch ein paar schöne Punkte gefunden werden, die auch echt kurios sein können, wie den LKW, der unter dem ägyptischen Kennzeichen noch das "alte" aus Hagen hatte. Zufälle gibt es, die gibt es doch gar nicht, oder? Der LKW war also mal auf den gleichen Straßen wie ich in meiner Heimatstadt unterwegs und begegnet mir nun hier in Hurghada. Zufälle gibt's, die gibt's gar nicht. Insgesamt habe ich es in 10 Tagen geschafft, 35 km hier am Ort zu laufen. Nicht viel, aber besser als nix.

Training Lüneburger Heide

Mein Beruf gibt mir zum Glück immer mal wieder andere Möglichkeiten zum Laufen. Diesmal war ich in der Lüneburger Heide und konnte direkt vom Vogelpark Walsrode aus starten. Da ich die Gegend nicht wirklich kannte, fragte ich im Hotel am Vogelpark nach. Wow, dort gab man mir direkt einen Plan mit mehreren Laufstrecken zur Auswahl.

Anmerkung an die Hotelmanager in Deutschland: Vielleicht liegt ihr Hotel auch in einer sehr schönen Gegend. Nehmen Sie sich doch mal die Zeit und machen einen Plan für uns „Running"-Gäste. Wir werden es mit einem Danke und einer Weiterempfehlung gerne in Empfang nehmen. Die Streckenlängen waren aus meiner Sicht für Einsteiger und auch fortgeschrittene geeignet und die Funktion sehr einfach. Ich machte mir zum Beispiel mit dem Handy ein Foto und lief damit los. Die Natur war einfach klasse. Es hatte vorher geregnet, ich lief also in super angenehmer Luft. Interessant ist, dass es egal von welcher Seite man vom Hotel aus der Strecke folgt, immer bergauf geht. Ich entschied mich für den nach links führenden Weg, direkt neben der Landstraße. Mensch, das geht ganz schön in die

Beine, aber machbar. Entgegen kamen mir nur zwei Personen, beide grüßten mich sehr freundlich, was im Ruhrpott so nicht passiert. Ausgenommen bei Motorradfahrern, die sich entgegenkommen. Ein paar Meter ging es geradeaus, dann schon wieder minimal bergab. Linksseitig führt eine Straße zu den nächsten Häusern. Hier musste ich lang, wieder ging es bergauf. Zwar nur minimal, aber halt bergauf. Die Umgebung war einfach traumhaft. Durch den Regen stieg leichter Nebel von den Feldern, was in der tief stehenden Sonne unvergesslich in meinen Gedanken bleiben wird. Ich musste stehenbleiben, dann langsam weitergehen und es genießen. Aber auch bei mir kommt der Moment, wo ich weiterlaufe, und der kam nach kurzer Zeit. Kurz musste ich mal auf das gemachte Foto der Karte schauen, um den richtigen Weg zurück zum Hotel zu nehmen. Dieser Weg führte mich durch einen Wald. Es war sehr angenehm, hier auf dem weichen Waldweg zu laufen. Linksseitig waren Rehe im Gehege. Der Förster fütterte diese gerade. Der Waldweg ist eigentlich eine „ich mag sie nicht" lange Gerade, aber da es hier auf und ab ging, war der Weg abwechslungsreich. Als ich aus dem Wald kam, grenzte die Hauptstraße wieder an meine Laufstrecke. Weiter links halten und man staune, es ging bergab und wie. Nach knapp 7 Kilometern kam ich wieder im Hotel an.

Die Karte des Hotels stimmte bis fast auf den Meter. Jetzt schön duschen und mal sehen, was das Restaurant im Hotel zu bieten hat.

B2Run - Dortmund 2017

Mensch, was ist das schon wieder lange her, dass ich mit den Kollegen in Köln den "letzten" B2Run Lauf 2016 gemeinsam bestritten habe. Wahnsinn, wie die Zeit vergeht. Heute steht für uns alle der erste Lauf in Dortmund an. Leider wurde der Start- und Zielbereich nicht wie im letzten Jahr ins Stadion gelegt.

Heute starten wir alle im Westfalenpark und beenden ihn dann auch dort. Die Organisation ist bereits bei der Parkplatzsuche schiefgegangen, wahrscheinlich weil die Daten einfach nicht richtig waren. Ich glaube, ich habe den Parkplatz fast in der City. Na ja, etwas 'Laufen' schadet ja nicht, oder?

Am Treffpunkt angekommen, ist es immer wieder schön zu erleben, dass der Unterschied zwischen Briefzusteller, COO, HR oder Vertrieb keine Rolle spielt. Wir sind hier alle gleich. Alle sind wir hier, um für unser Unternehmen zu laufen. Das ist für mich immer das wirklich Entscheidende. Nicht der Titel oder das Gehalt stehen hier im Vordergrund, hier geht es nur darum, ins Ziel zu kommen. Sicherlich haben die jüngeren Kollegen immer noch sehr viel Ehrgeiz. Bei mir nicht, ich habe immer noch nicht meine alte Fitness aus dem letzten Jahr erreicht und auch weiterhin einige Kilogramm zu viel auf den Laufschuhen, aber darum geht es mir ja auch "fast" nicht. Mir geht es darum, ins Ziel zu kommen und ja, ich freue mich über Erfolge, diese liegen leider aber zurzeit nicht griffbereit vor dem Laufschuh rum. Na ja, dann hebe ich die halt später in meinem Läufer leben auf.

23. Hella Halbmarathon Hamburg 2017

Freitag, 23. Juni 2017

Am Donnerstag vor dem Hamburger Halbmarathon ging in Hamburg, wie man so schön sagt, die Welt unter. Regen, Sturm ohne Ende. Am Freitag wollte ich eigentlich ganz entspannt mit dem Zug nach Hamburg fahren. Ich hatte seit Wochen bereits meine Kundenbesuche dort geplant und auch das Hotelzimmer von Freitag bis Montag verlängert. Es sollte ein schönes Wochenende in Hamburg werden. Tja, eigentlich.

Also um 05:44 Uhr in die S-Bahn zum Hauptbahnhof. Vom Hauptbahnhof ein paar Minuten später nach Dortmund und dann kam schon das „Problem". Der IC nach Hamburg wurde „storniert". Am Service Point der Bahn wurde mir dann freundlich empfohlen, den IC eine Stunde später zu nehmen. Okay, kein Ding. In meine Terminplanung hatte ich einen Puffer eingebaut, ich war ja schließlich mit der Bahn unterwegs. In unmittelbarer Nähe des Hauptbahnhofs gab es eine Kaffeekette, wo der Kaffee einfach günstiger ist. Zeit hatte ich ja.

Zwanzig Minuten später stand ich also wieder im Gebäude und sah, dass auch der nächste IC nicht kommen würde. Na toll. Am Service Point wurde ich nun direkt gebeten, ins um 07:00 Uhr öffnende Service Center zu gehen und dort mit den Kollegen zu sprechen. Warum macht ein Service Center erst um 07:00 Uhr auf? Wo bleibt der Service, liebe Bahn? Reisen vor 07:00 Uhr keine Gäste mit der DB? Oder gibt es keine Serviceprobleme vorher? Verstehe es, wer will, ich nicht.

Pünktlich um sieben Uhr öffnete der Schalter. Eine sehr nette Mitarbeiterin hob sofort meine Zugbindung „IC" auf und ich dürfte mit jedem Zug fahren. Wer jetzt denkt, geschafft", irrt sich gewaltig. Der nächste ICE war keine direkte Fahrt nach Hamburg, sondern nach Hannover und selbst diese war nicht direkt. Da es ein Problem in Bielefeld (ich dachte immer, dass es Bielefeld nicht gibt) geben sollte, wurden wir über Löhne in Westfalen umgeleitet. Der eigentlich schnelle ICE musste sogar wegen eines Güterzuges stehenbleiben. Einspurige Streckenführung. Ach, hatte ich schon gesagt, dass der Zug voll war bis unter das Dach? Nicht? Dann macht euch mal ein Bild davon: Augen zu und einen ICE vorstellen, wo man auf dem Drehgestell steht, mit anderen und langsam um Bielefeld gefahren wird. Ja, das will man nicht wirklich, aber ging nicht anders. Nach knapp 2 1/2 Stunden war dann endlich der Hauptbahnhof Hannover erreicht. Die Abfahrt des ICE nach Hamburg sollte eigentlich erst in 45 Minuten erfolgen. Als mein Blick aber auf die Anzeigetafel wanderte, stellte ich fest, dass der letzte ICE erst in 2 Minuten seinen Weg aufnehmen sollte. Also im Laufschritt die Treppen rauf, JA, Gewinner, meine Glückspur war da, der ICE stand noch wartend, mit offenen Türen da. Also ran und rein in das Ding. In der Tür stand eine Frau, circa Mitte 40, und teilte mir direkt mit, dass der ICE so voll wäre, dass der Zugführer bereits mitgeteilt hätte, dass „keiner", aber auch absolut „KEINER" mehr einsteigen dürfte, sonst fährt er nicht los. Ganz freundlich bat ich die Frau mal kurz, für einen Blick, an die Seite zu gehen. Sie tat es und ich schlüpfte an ihr vorbei in den ICE. Das nächste Drehgestell nahm mich als stehenden Gast in Empfang. Neben mir standen noch mehrere Reisende, die wie ich schmunzelten über die Frau in der Tür. Sie war gerade dabei, einem weiteren „armen" Reisenden zu erklären, dass dieser nicht mehr einsteigen dürfe, weil der Zugführer... Genau die gleiche Situation, genau der gleiche Text. Die Drehgestell-Reisenden schauten sich an und wir waren uns alle einig: Wenn der Zugführer nicht möchte, dass noch weitere Reisende einsteigen, dann hat er einen Knopf und kann alle Türen schließen. Wahnsinn, was man an einem Tag mit der Deutschen Bahn so erlebt. Endlich, nach weiteren zehn Minuten, fuhren wir Richtung Hamburg ab. Die freundliche „Deutsche Bahn Helferin" sorgte auf der halben Strecke für Unterhaltung. Mann, was die alles schon gesehen und erlebt hatte. Wahnsinn! Wenn da nicht ihre eigene Tochter, circa 14 Jahre alt, gewesen wäre. In ihrem Gesicht konnte man ablesen, dass mindestens 70 % nicht stimmte oder aber immer als Story erzählt wird. Die Mitte 40-Jährige tat mir eigentlich leid, etwas jedenfalls.

In Hamburg, nach weiteren zweieinhalb Stunden angekommen – da sag nochmal einer, Reisen mit der Deutschen Bahn wäre kein Erlebnis – machte ich mich auf den Weg zu meinem Kunden per S-Bahn. Du kannst mir glauben, mal zu sitzen ist WUNDERBAR.

Nach dem Kundenbesuch holte ich meine Startunterlagen ab und machte mich auf den Weg zum Hotel. Selbst meine Christine war schon mit dem Auto angekommen, sodass es langsam aber sicher ernst mit dem Hamburg-Wochenende wurde. Wenn ich daran denke, was ich an diesem Tag per Handy an E-Mails geschrieben, gelesen und telefoniert habe, war ich wirklich froh über dieses verlängerte Wochenende und meinen ersten **HELLA HALBMARATHON in HAMBURG.**

Samstag, 24. Juni 2017

Am Samstag verbrachten Chrissi und ich einen wunderschönen Tag in Hamburg.

Das Wetter war typisch hanseatisch – nur teilweise Regen, aber insgesamt hatten wir Glück. An diesem Wochenende fanden auch die Harley Day's statt und die Reeperbahn war voll von Motorrädern. Ach, das waren wahre Schmuckstücke, die dort entlangfuhren. Der Lärm war enorm, aber es war ein herrlicher Anblick. Wir lieben das Motorradfahren und waren selbst schon beim MoGo (Motorradgottesdienst) in Hamburg dabei. Auch das war 2015 eine wahnsinnig tolle Veranstaltung.

Sonntag, 25. Juni 2017

Der Blick aus dem Hotelzimmer am Morgen machte mir überhaupt keine Freude. Chrissi begleitete mich zwar zum Frühstück, aber sie wollte nicht direkt zum Startbereich. Stattdessen plante sie, etwas später vor dem Hotel, das an der Strecke lag, Fotos zu machen.

Gegen 08:30 Uhr machte ich mich auf den Weg. Die Reeperbahn lag nur knapp 500 Meter vom Hotel entfernt. Schon auf dem Weg dorthin fand ich die Atmosphäre spannend. Hier, wo in der letzten Nacht die Damen des horizontalen Gewerbes ihrem Business nachgegangen waren und die Nachtclubs die Nachtschwärmer eingefangen hatten, sollte gleich der Start erfolgen. Ein tolles Gefühl. Meinen Beutel-LKW musste ich noch etwas suchen. Leider war die Logik hier etwas verschoben und die Wegweiser fehlten. Schade. Ich machte mich etwas warm bis zum Start.

Pünktlich ging es los. Da ich mich wie immer im hinteren Teil des Startfeldes befand, dauerte es etwas, bis ich meinen Lauf aufnahm. Ach du Schreck, der erste Teil der Strecke führte am Hotel vorbei. An dieser Stelle muss ich meiner lieben Christine wirklich ein großes Kompliment machen – sie machte hier das beste Foto all meiner Läufe. Weiter ging es bergauf und das für die nächsten Kilometer. Wundervoll, ich hätte es mir auch anders vorstellen können. Die Stimmung an der Strecke war bis dahin wirklich spitze. Tolle Musiker sorgten für eine großartige Atmosphäre. Der Himmel war die ganze Zeit dunkel, die Temperatur lag bei 17 Grad – genau meine Temperatur zum Laufen. Hey Hamburg, es geht auch mal bergab, ich hatte schon nicht mehr damit gerechnet. Wahnsinn, die Strecke bis zu den Landungsbrücken bei Kilometer 9 bis 10 „live" zu laufen. Im Frühjahr hatte ich mir die Übertragung des Marathons in Hamburg im TV angesehen. Das nun selbst zu erleben, ist ein Erlebnis, das ich nicht so schnell vergessen werde und auch nicht möchte. An der Speicherstadt vorbei und wieder bergauf, dann in einen Tunnel – hier wurde es augenblicklich LAUT. Musik ohne Ende... Was für ein Bums ist das denn? Je weiter ich lief, desto lauter wurde es. Egal, und eigentlich auch mal schön. Am Ende des Tunnels standen links zwei DJs, die Musik für uns alle machten. Die beiden hatten mit großer Sicherheit den trockensten Platz an der ganzen Strecke. Nicht schön, aber live und es war auch eine Ablenkung beim Laufen und all den Gedanken, die man bei Kilometer 13 bis 14 ansonsten hat. Sicherlich will hier keiner mehr aufgeben, wäre ja auch blöd. Der Weg zurück ist ja länger als ins Ziel. Laufrhythmus finden und weiter. Es lief wieder ganz gut, als ich auf der Höhe des Atlantik-Hotels war. Schon ein Anblick, der mir die alte „Hanse-Kultur" in die Gedanken rief. Was müssen hier für Kaufleute getagt und Geschäfte gemacht haben in den letzten Jahrhunderten? Wurde hier oder im Rathaus in Hamburg auch der

Tod von Störtebeker verhandelt? Heute wohnt hier Udo Lindenberg und das schon wirklich lange. Schade, dass er nicht auf dem Balkon gestanden hat und uns zugesehen hat. Darüber hätten wir uns wirklich sehr gefreut. Nun ja, und weiter ging es die letzten Kilometer Richtung Ziel. Immer wieder mal kurz bergauf, über Brücken hinweg. Hamburg hat mehr Brücken als Venedig oder Amsterdam.

Knapp drei Kilometer vor dem Ziel wurden wir alle von einer super Gruppe angefeuert. Sie standen Spalier, mit Megafon und tollen Sprüchen plus Musik. Hey, könnt ihr nicht das nächste Mal mit mir mitlaufen und mir die letzten Meter in den Hintern treten? Genau da kam eine junge Frau an mir vorbei und beglückwünschte mich zu meinem T-Shirt. Sie sagte: „Hey, very cool your shirt, Cookie Monster Running", und weg war sie. Ich ging gerade, die Luft war raus und ich musste einfach langsam laufen, mehr gehen als laufen. Das Ziel kam näher und ich habe es auch hier erreicht.

Glücklicher Zieleinlauf

Ich hatte Hamburg mit so vielen Hoch- und Runter Passagen nicht auf dem Schirm gehabt. Respekt an alle, die es geschafft haben, hier Bestzeiten zu laufen. Ab zum Erdinger alkoholfrei und die Medaillengravur noch machen lassen, dann schön mit der S-Bahn zum Hotel und das restliche Wochenende genießen. Kleiner Tipp von mir: Wenn du es kannst, dann mach es so wie ich oder wir – verlängere das Wochenende und plane ein Musical. Bei uns war es diesmal „Hinter dem Horizont". Darin sehe ich für Christine und mich ein verdientes Wochenende. So bekommen alle Beteiligten das, was sie möchten, und wir Läufer haben 3 bis 5 Stunden, um unserem Hobby nachzugehen. Das hört sich doch nach einem Plan an, oder?

Nettozeit: 02:45:49
DANKE Hamburg, es hat wirklich Spaß gemacht..

Revival Lauf Berlin

Dienstag, 18.Juli 2017.

Beruflich hatte ich in Berlin zu tun. Was macht man da als Läufer? Richtig, die Laufschuhe mitnehmen und abends eine kleine Runde durch den Tiergarten drehen. Einmal vom Hotel zur Siegessäule und zurück. Interessant finde ich, was man da alles sieht. Hier im Tiergarten stehen jede Menge Statuen, die ich nie gesehen hätte, wenn ich die Runde nicht gelaufen wäre. Der Berliner an sich lümmelt sich hier sehr gerne, bei top Wetter, wie es heute war, in den Parkanlagen herum. Decke hin und schon wird entspannt, zusammen mit mehreren oder auch alleine. Ein gutes Buch und ein Berliner Kindl in der Nähe und mal ganz ehrlich, ich würde es auch so machen.

Nur heute werde ich am Abend noch mit einer sehr lieben Ex-Kollegin essen gehen. Bin gespannt, was Sie mir heute Neues erzählt. Seit sie in Rente ist, ist die junge Frau nur unterwegs. Ich gönne dir deinen nächsten Trip jetzt schon. Zurück zum heutigen Lauf und der Strecke. Persönlich finde ich die Siegessäule, das gesamte Monument, noch immer super beeindruckend, schon alleine, wenn die Sonne, wie heute Abend, auf das Gold an der Spitze trifft und zurückstrahlt. Trotz mehrerer Besuche in Berlin und auch zwei Läuferwochenenden zum Halbmarathon 2016 und 2017, waren wir noch nie in der Spitze dieses Kulturdenkmals. Das müssen Christine und ich nachholen. Ob das kurzfristig dieses Jahr noch klappt, glaube ich nicht, mal sehen. Im kommenden April steht der nächste Halbmarathon, bereits gebucht im Kalender. Das Hobby Laufen ist einfach phänomenal und einfach zu handhaben, man kann es überall und zu jeder Tageszeit durchführen. Schuhe in den Koffer und ein paar Sportsachen und schon hat man alles dabei.

Am nächsten Morgen fuhr ich in der Früh bereits zu meinem Kundentermin, man weiß ja nie, wie lange man für knappe 5 Kilometer in Berlin braucht. Auf dem Weg führte mich mein Navigationsgerät dann an einem Teil des Streckenverlaufs vorbei, den ich im April noch beim Halbmarathon gelaufen bin. Ich empfand es sehr interessant, die Straßen einmal in ihrer normalen Nutzung zu sehen. Mann, was habe ich genau hier am „Lützowufer", es muss circa Kilometer 14 gewesen sein, gelitten. Mir tat damals der Fuß weh und das eine oder andere Zipperlein war als „Wolf" getarnt mit dabei. War

es der rechte Fuß oder doch der linke? Ich weiß
es, ohne nachzulesen, schon gar nicht mehr. Der
Läuferspruch gilt also wirklich.

DER SCHMERZ GEHT, DER STOLZ BLEIBT

Norddeutsche Läufe

Südstrand Wilhelmshaven

Das wirklich Schöne in Wilhelmshaven ist aus meiner Sicht der Jadebusen und besonders der Südstrand. Bei all meinen beruflichen Aufenthalten hier, egal ob im Oktober oder wie jetzt im Juli, genieße ich die frische Brise und das Salzwasser. Sie helfen meiner Nase immer wieder, freizuwerden und meine fast schon chronische Nasennebenhöhlenvereiterung zu lindern. Am Mittwochabend kam ich in meinem Hotel in unmittelbarer Nähe an. Klein und nicht ganz fein. Na ja, ein Altbau, der sogar stilecht war. Nur leider waren die Türrahmen und Decken mit Spinnweben voll. Meine Christine wäre, glaube ich, nicht in dem Zimmer geblieben. Ich schon. Das Badezimmer und das Bad waren sauber und soweit aus meiner Sicht okay. Abends ging ich noch eine kleine Runde spazieren und machte mir dabei ein Bild der Umgebung.

Am nächsten Morgen, um 06:30 Uhr, lief ich vom Hotel aus, noch fast durch den Morgennebel, Richtung Strandpromenade. Ehrlich, es gibt nichts Besseres: keine Menschen unterwegs, die frische Luft und die gesamte

Atmosphäre – herrlich und für alle Frühaufsteher unter den Läufern zu empfehlen. Die salzhaltige Luft macht die Atemwege frei und die „steife Brise" kommt immer direkt von vorne. Ach, wenn ich nur an die alte Brücke und die an der Strandpromenade gelegenen alten Fischerhäuser denke, dann könnte ich meine Turnschuhe einpacken und sofort über das Wochenende dort bleiben. Leider musste ich heute wieder zurück und auf dem Weg drei Kunden besuchen. Das Schöne hier ist, dass alle etwas entspannter im Business sind als in Nordrhein-Westfalen, zum Beispiel. Hier ist ein Wort noch ein Wort. Nicht alles muss in Verträgen stehen. Toll, so sollte es öfter sein.

Lüneburger Heide

Beruflich konnte ich mich Ende Juli 2017 noch einmal im gleichen Hotel einquartieren. Das familiär geführte Hotel „Luisenhöhe", direkt am Weltvogelpark bei Walsrode, zieht mich einfach an. Es macht wirklich Spaß, hier einzuchecken und dann den Arbeitstag im Zimmer, in den Schrank zu schließen. Turnschuhe an und ab geht's auf die sieben Kilometerrunde. Diesmal kein Regen kurz vorher, aber die letzten Tage waren hier in Niedersachsen nicht ohne gewesen.

Knapp 100 Kilometer weiter, bei Hildesheim, waren die Helfer noch dabei, die Flutwellen mit Sandsäcken einzudämmen. Zur Sicherheit, da ich einen großen Teil der Strecke durch den Wald laufen werde, fragte ich an der Rezeption nach, ob es irgendwelche „Besonderheiten" auf der Strecke gibt. Ich kann es dir nur empfehlen, das gleichzutun. Zum Glück für mich und meinen Lauf sollte es nur matschig sein, mehr nicht. Also los und wieder von der Luisenhöhe aus, den Berg hinauf nach rechts. Ach so, auch wenn ich links gelaufen wäre, wäre der Weg bergauf gewesen. Warum das Hotel „Luisenhöhe" und nicht „Luisental" heißt, erschließt sich mir nicht wirklich. Das erste „hoch" geht ca. einen Kilometer und hat wirklich eine schöne Landschaft zu bieten. Empfehlenswert ohne Wenn und Aber. Oben angekommen, geht es nach links und man fühlt, dass es noch immer etwas geradeaus, aber weiterhin hochgeht. Nach einigen kleinen Kurven geht es dann in meine Lieblingsstelle, in den Wald. Matschig war es zum Glück nicht. Der Boden war nicht hart, aber auch nicht schwammig. Genau richtig, um hier zu laufen. Ich liebe diesen Boden, auch dass man direkt sieht, wie die Strecke mal rauf und mal runtergeht, liegt mir sehr. Am Ende geht es nochmal richtig schön nach oben. Ist das geschafft, liegt nur noch die Straße und ein wiederum circa ein Kilometer langes Bergab Stück vor einem, um wieder am Hotel anzukommen. Herrlich die Dusche danach und ein bürgerliches Essen im Restaurant.

Bremen Bürgerpark

Anfang August 2017 konnte ich mal eine wirklich coole Runde durch den Bürgerpark in Bremen laufen. Mein allererster Lauf hier war im Oktober 2016 und da war es schon dunkel und kalt. Zum Glück war es heute genau umgekehrt. Okay, ja, wir haben Sommer, aber manchmal komme ich beruflich doch etwas später im Hotel an, bedingt durch Stau oder lange Anfahrten. Heute aber lief es prima und ich konnte direkt hinter dem Hauptbahnhof und der Arena laufen. Mensch, mit Licht und bei warmem Wetter sieht der Park noch besser aus. Der Wegweiser am Anfang des Parks zeigt so viele Wege, die man nutzen kann, um hier entspannt eine kleine, mittlere oder große Runde zu laufen. Ich entschied mich für eine „außen herum"Runde. Fast am Ende, mehr durch Zufall, sah ich links zwei Bunkeranlagen aus dem Zweiten Weltkrieg. Fast hätte ich diese gar nicht wahrgenommen, dafür standen sie einfach zu sehr im Wald. Ich musste diesen Anblick, mit dem Wissen, dass hier Menschen um ihr Leben gefürchtet haben, ja, es vielleicht verloren haben, stehen bleiben. Eindrucksvoll standen diese beiden Bunker knapp 50 bis 100 Meter da und keiner der anderen Läufer oder Spaziergänger nahm davon Notiz. Sicherlich wirkt das Ganze auf mich mehr, da ich es ja auch nicht täglich sehe. Ich setzte meine Runde fort und kam nach knapp 8 km im Hotel wieder an. Beeindruckt, aber zufrieden ging ich erst einmal duschen.

Vorbild & Abnehmen

Ich bin ein Vorbild

Was genau am 8. August 2017 passiert ist, hat mich wirklich sehr verwundert. Ich war gerade eine große Runde um den Hengsteysee gelaufen – knappe 10 km. Dabei hatte ich einen wunderschönen schwarzen Schwan gesehen, fotografiert und bei Instagram gepostet. Im Laufe des Abends erhielt ich von einer Ex-Kollegin eine Nachricht, die mich wirklich gewundert, aber auch stolz gemacht hat. Aber ließ selbst:

Nachricht von Ex-Kollegin (Kontaktadresse unkenntlich gemacht)

Das Ganze machte mich echt sprachlos und so richtig fassen kann ich es noch immer nicht. Nun ja, es ist schön und ich bin wirklich sehr gespannt, wie es weitergeht und ob wir gemeinsam den den Halbmarathon 2018 in Köln bezwingen.

Abnehmen durch Laufen

Nimmt man nun ab, wenn man läuft oder nicht? Und wenn man abnimmt, wie oft und wie lange muss man laufen? Dauert es länger als bei anderen Sportarten? Das sind Fragen, die sich viele Läufer stellen. In meinen Facebook-Gruppen gibt es immer wieder „Musterbeispiele", wie man in 1 bis 2 Jahren 30 kg abnimmt. Wow, wirklich tolle Leistung und ich zolle diesen Läufern meinen Respekt. Aber ist das wirklich gesund? Macht das Spaß? Ich glaube daran, dass man auch noch leben muss, neben dem Laufen. Ich habe in meinem ersten aktiven Jahr als Läufer auch knapp 10 bis 13 kg an Gewicht verloren. Aber ich habe es auch gemerkt, als ich mal für drei Monate nicht richtig laufen konnte (aus gesundheitlichen Gründen). Ende 2016, Anfang

2017, und schwups, hatte ich die paar Kilo wieder drauf und noch etwas mehr. Na klar, ich war vier Wochen zu Hause, hatte extreme Langeweile, war tierisch frustriert und habe halt alles gegessen, was mir geschmeckt hat. Ich habe nicht den eisernen Willen, alles, was schmeckt, aber ungesund ist, wegzulassen. Nööööö... das will ich und wollte ich nie. Nun kämpfe ich wieder gegen die Kilos und meine Trägheit an. Lieber Leser, fass dich jetzt nicht an den Kopf und sage: „Mensch, bist du blöd", denn das Leben kann wirklich morgen vorbei sein und dann? Dann stelle ich mir vor, ich stehe bei Petrus vor dem Tor, top trainiert, fit wie drei Paar Turnschuhe, aber doch tot. Nee, dann lieber schwerer und am gleichen Tor, aber gelebt. Ha Ha Ha!

Mal im Ernst, ich mache mir überhaupt keinen Kopf, ob ich nun diese oder jene Größe habe. Die Größen stimmen in den letzten Jahren eh nicht. Was ich damit meine? Also, wenn ich vor, sagen wir mal, 5 bis 8 Jahren ein Oberteil in XL gekauft habe, dann hat es, egal bei welchem Hersteller, gepasst. Heute muss ich jedes Teil anziehen und dann schauen, ob es L, XL oder sogar 2XL ist. Ja, du hast recht, ich mag es auch, wenn mein Spiegelbild keinen Bauch zeigt und der Hintern wieder schmaler ist. Aber es geht halt nicht so schnell, wenn du so wie ich hier und da noch lebst beim Essen. Aber der Weg liegt vor mir und damit werde ich es auch schaffen, wieder Gewicht zu verlieren. Also einfach nicht aufgeben oder besser gesagt, finde ein eigenes Ziel beim Abnehmen. Versprich mir jetzt hier und heute nur, dass DU auf DEINEN Körper hörst und nicht auf Programme. Danke dir, ich nehme dich beim Wort und halte dich im Auge.

PASS BITTE AUF DICH AUF!!!

Color Run Dortmund

Sonntag, 20.August 2017

Dieser Lauf war eine Erfahrung für mich. Die Bilder, die ich vorher gesehen hatte, machten im Vorfeld wirklich viel her: tolle Farben, Musik, Hindernisse und tanzende halbe Läufer. Vorab erhielt ich eine ellenlange E-Mail mit allen wichtigen Punkten, was man darf und was nicht. Wo man aufpassen muss und dass die Farben nicht gerade ohne sind. Also Asthmakranke sollten besser nicht mitlaufen. Die Augen sollten geschützt werden und man sollte unbedingt einen Ausweis und die unterschriebene Verzichtserklärung mitbringen. Mann, Mann, Mann, was für ein Aufriss, aber nun gut, vielleicht gibt es ja wirklich Typen, die die Farbe schlucken.

Ich hatte mich so auf diesen Sonntag in Dortmund gefreut. Morgens konnte man bereits die erste Enttäuschung auf Facebook lesen: „Leider wurde uns in der letzten Nacht die Schaumanlage gestohlen, wir versuchen zwar noch Ersatz zu bekommen..." Wie soll das denn gehen? Haben die Veranstalter keine Security in der Nacht an den Aufbauten gehabt? Und wer nun meinte, es konnte nicht schlimmer werden, der irrte.

Es ging direkt auf dem Parkplatz der Galopprennbahn weiter. Der in der E-Mail genannte Preis stimmte nicht. Okay, das war sogar positiv. In der meterlangen E-Mail standen 5 Euro, und 3 Euro waren es dann. Nun aber weiter auf dem Gelände zur Startpaketausgabe. Tja, und da fing es an: immer schön den anderen hinterher, ob das der richtige Weg war? Woher sollte ich das wissen, so ohne Hinweisschilder halt. Oh, da kamen Toilettenhäuschen, ganze drei Stück. WAHNSINN, ganze DREI. Also erst mal dort kurz angestellt, bevor es voll wird und nichts mehr geht. Mhhh, weiter ging es Richtung „Starterpaket-Ausgabe". Woher ich das weiß? Na, weil ich nach etwas Suchen und Fragen dort sogar angekommen bin. Für das Startgeld hätte ich schon ein paar mehr Hinweisschilder (es gab keine) erwartet, schade, wirklich sehr schade. Das Starterpaket inkl. T-Shirt war wirklich okay, schick gemacht das T-Shirt, und mehr als das Teilnehmerarmband bekamen wir ja auch nicht. Die Startgruppen wurden durch diese unterschiedlichen Farben getrennt.

Der Startbereich lag auf einer kleinen Lichtung und wäre für Sommerwetter (Untergrund Wiese) auch echt okay gewesen. Schade war, dass man einfach den schönen Sommerplatz genutzt hat, obwohl es die Tage zuvor und auch gestern noch geregnet hatte und das nicht zu knapp. In der Vorbereitung kurz vor dem Start wurden wir nochmal so richtig im „Warm-up" angeheizt. Der DJ machte das wirklich top, richtig coole Übungen und klasse auf die Musik abgestimmt. Es folgte eine Startgruppen-Kontrolle durch die Armbänder und das klappte wirklich gut. Da hatte ich schon wirklich sehr viel Schlechteres gesehen, wie beim B2Run ebenfalls in Dortmund. Respekt, das habt ihr darauf. Der Start erfolgte und es gab ein bisschen Stau, was aber nicht so schlimm war, da hier genau das erste Luftkissen zum Durchlaufen aufgebaut war. Weiter ging es in Richtung Galopprennbahn zum nächsten Luftkissen-Hindernis. Ganz nett, aber wie das erste sehr schnell vorbei. Mit der ersten Farbe im Gesicht ging es weiter und weiter. Na ja, die Hindernisse waren weit auseinander auf dem knapp 5 Kilometer langen Kurs, was ich persönlich als sehr schade empfand. In der Mitte gab es Hüpfbälle, die für mein Körpergewicht nicht voll genug mit Luft waren. Das machte nicht wirklich Spaß. Sehr schade fand ich das allerletzte, leider komplett defekte Hindernis. Hier war die Luft raus und das im wahrsten Sinne des Wortes. Zum Glück hatte ich mich nicht „darauf geworfen" wie bei den anderen, sonst hätte ich mir mit Sicherheit das Knie oder ein anderes Körperteil geprellt. Unverantwortlich und unverständlich für mich, da direkt an diesem letzten Hindernis eine ganze Menge von Mitarbeitern standen, aber keiner etwas tat. Ich hätte das gesamte Luftkissen aus dem Verkehr genommen, damit trotz E-Mail und Haftungsausschluss niemand in Gefahr gerät. Das nächste Highlight für den Teilnehmerpreis war die Medaille aus Kunststoff. Sicherlich mal was anderes, aber das war wirklich popelig und ohne „Farbe" und Jahreszahl sehr daneben.

Lieber Veranstalter, vielleicht solltet ihr mal selbst den Weg des Kunden (also von uns Teilnehmern) gehen und auch mal laufen. Schaut euch mal um und auch die Medaillen, T-Shirts (diese waren okay) an. Findet ihr die Toiletten bzw. die Hinweisschilder? Wenn das der Fall ist, dann findet auch jeder Teilnehmer diese. Wenn nicht, direkt ändern. Bei Fragen könnt ihr gerne auch mal die Teilnehmer befragen, wer ehrlich ist, wird es euch sagen.

Am Auto geschwind noch umgezogen und wichtig, eine gute Unterlage auf den Sitz, sonst hast du wirklich sehr viel Arbeit nachher. Sicherlich mal was ganz anderes und JA, es hat auch Spaß gemacht. Es hätte nur für das Startgeld von knapp 50,-€ pro Person mehr sein können und müssen. Die Medaille bekommt, wie alle anderen, ihren Platz bei mir. Also auf zum nächsten Lauf.

Generalprobe Köln 2017

Sonntag, 27. August 2017

Meine mentale Einstellung war wirklich top. Ich freute mich darauf an diesem 27. August 2017 hier zum zweiten Mal an der Generalprobe in Köln teilzunehmen.

Nach meinem letzten Lauf, diese Woche in der Lüneburger Heide, wo ich locker 14 km gelaufen bin, hatte ich mich hier auf ein Minimum von 21 km und als mentales Ziel 28 km, eingestellt. Es war im Gegensatz zum letzten Jahr, wirklich angenehm von den Temperaturen. Knappe 17 Grad und kein Regen, müsste also zu schaffen sein, wenn auch mein diesjähriges Laufgewicht und meine Fitness dagegen sprechen. Also, frohen Mutes ging ich an den Start, wie in den meisten Fällen wo es keine Startblöcke gab, von ganz hinten. Warum sollte ich es auch ändern? Die ersten sieben Kilometer lagen vor mir und es ging eigentlich erstaunlich gut voran. Meine Zeit lag zwar überhaupt nicht in dem Vorjahr Bereich, aber was soll es. Was mich hier immer wundert, sowohl bei der Generalprobe, zum Kölner Marathon, in ein paar Wochen, wie auch zum kommenden B2Run Lauf nächste Woche, egal ob man die Strecke linksrum oder rechtsrum läuft, es geht immer bergauf. Und weiter bergauf, nur ganz am Ende, da kommt man kurz mal Bergab. Unfassbar diese Wahrnehmung beim Laufen. So gut es ging, lief ich also die erste Runde und kam auch ganz gut ins Ziel, um die zweite von vier geplanten Runden zu laufen.

Ein wenig merkte ich meine Füße, na ja, das kenne ich ja leider und ignoriert es wie in den meisten Fällen ganz gut. Circa bei km 12/13 merkte ich, wie es an meiner linken Brust „kalt" wurde. Ich hatte das Event Trikot an und nichts weiter darunter. Es ging an dieser Stelle durch den Wald, ich dachte kurz nach und kam zu dem Schluss, dass es hier einfach kühler war als am Stadion. Ich lief weiter und weiter, nur wurde es nicht besser, also „wärmer" an der Stelle, sondern immer unangenehmer. Ich hielt bereits das Trikot, von der linken Brustwarze weg. Als es den Weg Richtung Stadion, in der Sonne ging, ließ ich es wieder los und lief langsam in den Stadionbereich ein, um es dann linksseitig Richtung dritter und vorletzter Runde zu verlassen. Das Piepen der Zeitnahme lag hinter mir und die nächsten 7 Kilometer vor mit. Halbzeit vor mir.

Nach circa 300 Meter merkte ich wieder dieses „kalte" Gefühl an der linken Brustwarze. Das Gefühl brauch wirklich keiner und ich nahm das Trikot wieder mit den Fingern weg und stellte bei einem kurzen Blick fest, das das blau sich dunkel verfärbt hat. Ich hatte mir meine

Brustwarze blutig gelaufen. Ich versuche es noch ein paar Meter, aber es hatte keinen Zweck mehr. So ein Scheiß dachte ich und ging zurück ins Stadion. Im Erste Hilfe Zelt wurde die Stelle kurz desinfiziert und ein Pflaster verklebt. Wirklich Schade, aber nicht zu ändern. Gefrustet ging ich in den Stadien innen Bereich, holte mir noch ein Alkoholfreies Krombacher, plus ein paar Bananen und machte mich auf den Weg nach Hause. Gelernt habe ich daraus auf alle Fälle, wieder etwas sehr Wichtiges.

LAUFE IMMER MIT EINEM BRUSTWARZEN SCHUTZ.

Also entweder ein unterziehe Shirt oder aber ein Pflaster.

21. RheinEnergie Köln Halbmarathon 2017

Sonntag, 01. Oktober 2017

Für mich war der 01. Oktober 2017 ein Tag, den ich bis heute nicht vergessen kann.

Daher möchte ich kurz innehalten. Leider gab es bei diesem Halbmarathon einen Todesfall. Der chinesische Läufer, gerade einmal 35 Jahre jung, brach bei Kilometer 11 zusammen und verstarb im Kölner Krankenhaus.

Dies war meine zweite Teilnahme am Rhein Energie Marathon in Köln. Aufgrund einiger privater, sagen wir mal, Zeitfresser, hatte ich keine Gelegenheit, wirklich dafür zu trainieren. Es war es wert, dass ich mich um etwas Bedeutenderes als um diesen Halbmarathon gekümmert habe, das kannst du mir glauben. Sicher wird es den einen oder anderen geben, der jetzt sagt, so ein Quatsch, da gibt es nichts Wichtigeres als die Vorbereitung auf das Event.

Alle, die mir ganz persönlich sehr, sehr viel näher stehen, wissen, dass es für mich nichts Wichtigeres gegeben hat und auch nicht geben wird.

MEINE FAMILIE

So, nun zum Lauf. Viel zu spät fuhr ich an diesem Sonntag von zu Hause los. Zum Glück war die Autobahn wie immer an einem Sonntag um diese Uhrzeit frei, abgesehen vom üblichen Theater um Leverkusen herum. Auf der Autobahn 3 waren die drei Spuren auf eine Spur verengt, um die Fahrbahndecke über das lange Wochenende zu erneuern. Wann sollte das auch sonst gemacht werden? In der normalen Woche ging das nicht, ohne einen Stau von mehreren Tagen zu riskieren.

Am Messeparkplatz P22 angekommen, zog ich mich um und schaute bereits in die Richtung, wo ich vermutete, dass der Pendelbus halten müsste. Doch da stand kein Bus. Stattdessen standen gefühlt 200 Teilnehmer in einer langen Schlange. Au man, erst zu spät los, jetzt keine Busse vor Ort, aber dafür Menschen ohne Ende. Die Abgabe der Teilnehmerbeutel war auf 08:15 Uhr als maximal angegeben worden. Es war 07:35 Uhr. Tja, und nun? Das fängt ja gut an. Einige Teilnehmer um mich herum gingen los in Richtung Startbereich. Ich zögerte nicht länger und machte mich auch auf den Weg.

Es war die richtige Entscheidung. Um 08:10 Uhr gab ich am UPS-Fahrzeug meinen Beutel ab und ging direkt in den Bereich meiner Startbox. Die Startboxen waren nach Farben sortiert, was aber nicht überwacht wurde, wie in Berlin. Der Veranstalter hatte nur in den wichtigen Informationen mitgeteilt, dass, wenn jemand nicht in seiner Gruppe startet, dies direkt disqualifiziert wird. Ob das so stimmt? Egal, ich hatte auf meiner Startnummer die Boxfarbe BRAUN zugeteilt bekommen und dort stand ich nun auch.

Es dauerte wie in Berlin oder auch hier im letzten Jahr circa noch 20 Minuten, bis unser, also der Start der gesamten Gruppe „Braun", erfolgen sollte. Die Atmosphäre ist einmalig und auf den ersten Metern wird man schon mit einem Blick auf den Dom von der Deutzer Brücke aus belohnt. Hier staut es sich auch immer ein bisschen, sodass wir alle kurzzeitig zum Gehen gezwungen wurden. Die Strecke an sich ist sehr flach und gut zu laufen. Die Stimmung holt einen wieder aus dem eigenen Kellerloch und treibt einen nach vorne. Ich holte mir an jeder Versorgungsstation etwas zu trinken oder auch mal eine halbe Banane. Eigentlich lief es ganz gut, nicht schnell und auch mal mit kleineren Geh Phasen, aber es lief. Bei Kilometer 7 sah ich, wie zwei Läufer eine Läuferin wieder auf die Beine stellten. Sie war wohl gestürzt, konnte aber weiterlaufen. Das muss man eigentlich allen Hobbyläufern lassen: Wenn sie den Eindruck haben, es könnte ein anderer Läufer Probleme haben, wird nachgefragt und auch sofort der eigene Lauf unterbrochen. Weiter ging die Prozedur des Laufes. Kurz nach Kilometer 10, in der Nähe einer Shell-Tankstelle, kümmerten sich einige Läufer um einen gestürzten Sportler, der Läufer lag bereits in der stabilen Seitenlage und der erste Sanitäter war auch schon fast bei ihm.

Ich sah diesen gerade auf mich zukommen. Mensch, wie schnell man doch liegen kann, dachte ich noch. Ja, auch mir war das Anfang Dezember 2016 passiert. Mir lief ein Schaudern den Rücken runter. Hoffentlich geht es ihm gleich wieder besser, dachte ich zu diesem Zeitpunkt noch und lief weiter mein persönliches Rennen. Kurze Zeit später, ich näherte mich gerade einer Kreuzung, kam von links ein Krankenwagen mit eingeschaltetem Blaulicht. Die Streckenposten stoppten uns und der Krankenwagen konnte weiterfahren.

In solchen Momenten glaubt niemand an das Schlimmste, auch ich nicht, dass ein Läufer sein Leben verlieren könnte. Hier und an diesem Tag war das anders. Wie ich am selben Abend noch in der Läufergruppe bei Facebook lesen konnte, war genau das heute passiert. Gerade einmal 35 Jahre jung und aus China, laut dem Zeitungsartikel, der dort verlinkt war, kam der Mann. Zusammengebrochen bei Kilometer 11. Das heißt, ich war gerade auf der gleichen Höhe, wo es passiert war. Da wird einem nochmal komisch, die Bilder des da liegenden Läufers sind augenblicklich wieder in meinem Kopf und es schaudert mich nochmal, nur mehr als vorher. Sicher, es gibt schlimmeres, als bei seinem eigenen Hobby ums Leben zu kommen, ändert aber erstmal nichts daran, dass es in dem Alter viel zu früh ist, oder? Seine Familie hat meine ganze Anteilnahme.

Trotz allem zurück zum Rhein Energie Halbmarathon. Ja, ich kam ins Ziel. Meilenweit von meiner im letzten Jahr hier aufgestellten persönlichen Bestzeit von 02:26:07 entfernt, aber das war mir im Vorfeld, wie gesagt, schon klar. Aber weil mir das klar war, hier nicht zu laufen, nicht anzutreten, nee, das liegt mir nicht. Davon ab habe ich hier zum ersten Mal mein neues Cookie Monster Running Shirt angezogen und auch diesmal einige Läufer zum Lachen gebracht. Einige sagen es mir auch, dass sie das Shirt klasse finden. Wie findest du es denn?Im Zielbereich war diesmal, da ich ja nicht im großen Pulk angekommen war, alles sehr viel gelassener als im ersten Jahr. Ich machte mich diesmal auch direkt auf den Weg zum Zelt mit einem Beutel. Es war einfach nicht warm und die Folie ist zwar schön, aber ich möchte so schnell wie möglich etwas Trockenes anziehen. Morgen fliegen wir schließlich in den Urlaub und wenn ich in Thailand krank am Strand liege, wird es mit Sicherheit kein schöner Urlaub.

Auf dem Weg zum Abholen machte Persil gerade Werbung für ein neues Produkt für Sportler. Halt Waschmittel, das verteilt wurde. Nehme ich doch gerne als Muster mit. Als ich um die nächste Ecke kam, sah ich, dass dort ein Stand mit Waschmaschinen war. Persil verteilte an alle, die ihre Laufsachen hier direkt waschen ließen, T-Shirts. Kein Ding, gerne lasse ich mein Laufshirt, Unterziehhemd und meine Laufmütze waschen. Gerne, dann sind die direkt sauber nach unserem Urlaub für den nächsten Lauf. Der Zeitaufwand sollte circa bei 30 Minuten liegen, was kein Zeitproblem war. Noch kurz meinen Beutel geholt und meine Laufjacke angezogen. Jetzt wurde mir langsam warm. Schön. Wie bei allen Lauf-Events habe ich auch hier direkt meine Medaillengravur mitgebucht. Also auf zum Reisdorf Platz. Man, war der Platz voll. Die Schlange für die Gravur war endlos, aber auch das ging wie immer vorbei. Hört sich doch gut an, gelle? Schnell zurück, meine frisch gewaschenen Sachen bei Persil am Stand abholen und dann zurück am Dom vorbei, über die Severinsbrücke in Richtung Startbereich. Hier sollte eigentlich der Pendelbus zum P22 abfahren. Nur wo? Ach Mensch, bevor ich jetzt hier suche, laufe ich direkt den Weg wieder zurück. Nach knapp 20 Minuten und nochmals 3 Kilometern war ich wieder am Parkplatz. Kurz noch die Schuhe gewechselt für die Rückfahrt und schon machte ich mich mit dem Gedanken an eine schöne warme Badewanne auf den Weg nach Hause.

Nettozeit 02:51:44

Mein zweiter Gewinn

Manchmal beteiligt man sich an Gewinnspielen und glaubt eh nicht daran, dass man genau hier „gezogen" wird. Genau das hatte ich bei meiner Facebook-Gruppe auch gedacht. Bei über 5.000 Mitgliedern konnte ich mir nicht vorstellen, als einer von drei Gewinnern gezogen zu werden. Aber genau das ist passiert! Ich habe die Teilnahme am „INNSBRUCK ALPINE Trail Festival" gewonnen. Das Event umfasst Distanzen von 15 Kilometern bis 85 Kilometern, querfeldein über Stock und Stein.

Ich freue mich riesig darauf! Ende April 2018 findet das Ganze statt.

Vielleicht lässt sich das nächste Jahr mit einem verlängerten Wochenende kombinieren. Innsbruck, wir sehen uns Ende April 2018. Ich bin gespannt und freue mich darauf!

FALKE Rothaarsteig Halbmarathon 2017

Samstag, 17. Oktober 2017

Nach dem Rhein Energie Halbmarathon in Köln und unserem Urlaub bin ich in dieser Woche nur einmal gelaufen und das mehr schlecht als recht. Na, das wird ein Spaß, auf 583 Höhenmeter hoch Zulaufen! Worauf ich mich wirklich freue, ist, dass Many und ich uns endlich mal wieder treffen. Seit Donnerstag hatte es fast nur geregnet und auch heute, am Samstagmorgen, sah es nicht besser aus. Na super. Bereits auf der Hinfahrt nach Schmallenberg machte der dunkle Himmel keine große Hoffnung auf eine starke Verbesserung des Wetters. Man war hier was los, Anreisende von überall aus der Republik, selbst aus den Niederlanden, waren angereist.

Many und ich wollten uns dieser Herausforderung gemeinsam stellen, sodass ich direkt, nachdem ich meine Startunterlagen abgeholt hatte, versuchte, Many zu erreichen. Da es draußen regnete, war die Sporthalle super voll und es erschien mir als normal, dass Many meinen Anruf nicht gehört hatte. Also ging ich

218

erstmal weiter und holte mir mein Geschenk des Hauptsponsors FALKE ab. Cool, es gab ein Unterziehhemd, das hätte ich bei der Generalprobe in Köln gebraucht. Na ja, besser jetzt als nie, oder was meinst du? Fast wäre mir der Rückruf von Many durchgegangen, so laut war es hier. Nach dem Anruf ging meine Laune in den Keller, nach ganz, ganz unten. Many konnte heute nicht, ihm war etwas dazwischen gekommen. Mensch Many, normal kein Problem, hättest du mir nicht auf die Mailbox gesprochen und ich dir per WhatsApp mitgeteilt, dass ich mich angemeldet habe, wäre ich jetzt echt nicht so enttäuscht. Egal, den Halbmarathon nehme ich mit, egal wie, dachte ich da noch und machte mich noch mal kurz auf den Weg zum Auto, ich musste ja noch das wirklich praktische Geschenk wegbringen.

Zehn Minuten später war ich wieder zurück und fing an, mich warmzulaufen. Es war mit 12 Grad und Nieselregen nicht wirklich tolles Wetter. Der Start erfolgte wenig später und nach knapp 700 Metern kam, wie in der Ausschreibung beschrieben, der erste Anstieg.

Dachte ich da noch.

Dieser erste Anstieg blieb die nächsten 12 Kilometer. Immer wieder in Kreisen um den ersten Berg, dann am zweiten Berg vorbei, und als ich bei Kilometer sechs dachte, jetzt geht es geradeaus und dann wieder runter, kam der nächste Anstieg. Meine beiden Waden waren bereits durch. Hinzu kam, dass es neblig wurde und meine Bronchien Beifall klatschten. Ich ging mehr, als dass ich noch lief. Ich bekam überhaupt nicht genug Luft, um hier die Berge weiter hinaufzulaufen. Mein Puls lag zwischen 170 und 180 und ging auch nur sehr, sehr langsam wieder runter. Alter Falter, was ist das denn für eine Strecke. Ohne dass ich noch wirklich große Lust hatte, weiterzulaufen, dachte ich nur an das Ziel und meinen dortigen Einlauf. Irgendwann wird dieser kommen.

Beim nächsten Anlauf, das gesamte Halbmarathon-Feld war bereits weit, weit weg, brüllte man mich von hinten an. „Hey, nicht laufen", hörte ich nur. Na klar, da kamen die „Walking/Nordic Walking"Läufer hinter mir. Einige hatten mich ja bereits überholt. Nun ja, mir blieb ja nichts anderes übrig, als zurück zubrüllen. „Ich laufe im Halbmarathon und nicht in eurer Wertung". Mensch, wir laufen doch eigentlich alle nur für uns und selbst meine

Laufgeschwindigkeit war nicht so hoch wie die der Walking-Läufer, also alles cool.

Was überhaupt nicht cool war, war die Strecke. Diese war für meine Turnschuhe eine Katastrophe hoch fünf. Wenn ich meine Trail-Schuhe genutzt hätte, wären mir nach knapp fünf Kilometern die Füße vor Schmerzen abgefallen. Für einen kompletten Halbmarathon hatte ich diese Schuhe einfach noch nicht genug eingelaufen, also hatte ich meine normalen Laufschuhe genutzt. Für diese Strecke einfach nicht der richtige Schuh. Feldwege, die seit Tagen vom Regen geflutet wurden und zwischen 10 und 30 cm tief im Morast darboten, waren nichts für diesen Laufschuh, leider. „Rien ne va plus." - Nichts geht mehr, kein richtiges Laufen.

Körperlich fertig und das sowohl von den Waden als auch von den Bronchien, also weitergehen ins Ziel. Ja, ich bin nur noch gegangen, bis knapp 500 Meter vor dem Zieleinlauf, da lief ich ganz langsam an und nur noch ins Ziel. Ich war sowas von froh, hier wieder gelandet zu sein. Fix und fertig, dreckig ohne Ende und mir sehr sicher, dass ich hier nochmal laufen werde, aber nur, wenn ich andere Schuhe nutze. Es war auf alle Fälle eine Erfahrung und ich nehme hier sehr viel mit für die Teilnahme am INNSBRUCK ALPINE Trail Festival im April 2018, da bin ich mir sicher.

Nettozeit 03:58:07

Meine Ferse

Nach dem letzten Lauf spürte ich leider, dass irgendwas an meiner rechten Ferse nicht okay ist. Es tat beim normalen Laufen in meinen Business-Schuhen, Turnschuhen, Flip-Flops, ach eigentlich egal, immer erstmal weh. Ich musste mich eingrooven.

Wie ich das meine? Na ganz einfach, ein Beispiel gefällig? Okay, also ich fahre mit dem Auto. Beim nächsten Halt humpelte ich also zum Beispiel zur Toilette auf einem Parkplatz. Ein super Gefühl ist das nicht. Mensch, ich bin gerade 48 Jahre alt und komm kaum vom Fleck. Dann wieder ein paar Tage spürte ich nichts und dachte schon, alles wäre wieder gut. Weit gefehlt, leider. Da ich ja ein Mann war, ging ich natürlich nicht gleich zum Arzt, warum auch. Gelaufen bin ich in dieser Zeit nicht. Tja, ich war mir halt nicht sicher, ob das wirklich gut war.

Nun kam der Tag, an dem ich beruflich auf dem Weg über Hamburg nach Kiel war, als es wieder anfing. So, nun hatte es mich auch mal erwischt. Sonst hatte ich immer gelesen, in den Facebook-Läufer-Gruppen, wie es anderen ging. Jetzt ging es mir mal so. Zum Glück hatte ich in direkter Nähe von meinem Hotel in Kiel eine orthopädische Praxis, wo ich hin humpeln konnte. Die Wartezeit war kurz und der Arzt teilte mir sehr schnell das Ergebnis mit: Senkfuß mit entzündeter Ferse. Super, das hörte sich nicht ganz so schlimm an, bis ich das Rezept bekam. Einlagen sollte ich nun tragen und das täglich und für immer. Voll toll, dachte ich, als ich zurück zum Hotel ging. Es dauerte bis Ende der Woche, dann konnte ich beim Sanitätshaus bei mir um die Ecke meine Einlagen in Auftrag geben. Zum Glück bekam ich gleich mal einen wichtigen Tipp, und zwar, dass ich pro Jahr zwei Paar Einlagen von meiner Krankenkasse bekommen würde. Die nette Dame riet mir zu der etwas besseren Version der Einlagen, da diese für gerade meine Ferse besser geeignet war. Okay, dachte ich mir und sagte zu. Preisunterschiede interessierten mich hier gerade wirklich nicht. Also machte ich mich noch einmal zu meinem Hausarzt auf und ließ mir das zweite Rezept ausstellen.

Knapp eine Woche später konnte ich meine beiden Einlagen abholen. Nun dachte ich wirklich, dass ich innerhalb kurzer Zeit das Problem meiner Ferse in den Griff bekommen würde. Wie gesagt, ich dachte. Weit gefehlt, nach weit über sechs Wochen spüre ich meine Ferse noch immer.

Was macht man in der Zeit, bis es sich bessert? Dem Laufen hinterhertrauern? Ja, ganz sicher sogar. Aber ich fand in der Zeit einen guten, zwar eingeschränkten anderen Sport: das Schwimmen. Sonntagvormittags machte ich mich auf in unser kleines, aber feines Schwimmbad im Nebenort. Die dort vorhandene Bahnlänge von 25 Metern reichte aus, um etwas in Form zu bleiben, wenn da nicht, ja wenn da nicht das leckere Vorweihnachtsgebäck und alle anderen Süßigkeiten gewesen wären. Mmmmh lecker. Baumstämme (Nougat mit Marzipan), kandierte Äpfel. Ach und der Glühwein und all das andere Zeug, was sofort auf die Hüfte geht. Ja, ich gebe es zu und nein, ich mag mich so nicht gerne sehen, ich werde wieder dicker. Man, wenn ich Fotos am Anfang dieses Buches im Zeitraum Berliner Halbmarathon mir ansehe und heute, ja dann war das doch etwas viel mehr Bauch auf den Fotos. Oder lag es an der Linse im Handy? Ist das Ding kaputt? Das muss es sein, genau, ich brauche ein neues Handy. Nein, Quatsch, daran lag es nicht, es war eine ganz natürliche Sache. Oben in den Körper viel Süßes rein, wenig Schütteln (also nicht laufen) und bums, schon ist der Umfang größer. Aber ich schweife gerade ab vom Schwimmen.

Ich hatte mir als Ziel gesetzt, immer eine Stunde zu schwimmen. Bahn rauf, Bahn runter. Das klappte immer besser, also von Besuch zu Besuch. Es fing an mit 40 bis 45 Bahnen und heute liege ich bei 50 bis 52 Bahnen. Wofür eine Sportuhr heute alles gut ist, ist schon der Wahnsinn, finde ich. Man geht ins Wasser, drückt nach der Einstellung, wie lang eine Bahn ist, den Startknopf und schon braucht man nicht mehr mitzählen. Wunderbar. Nach einer Stunde drückt man wieder auf den Knopf und kann direkt das Ergebnis der Bahnenanzahl, Kalorienverbrauch, Geschwindigkeit je 25 m, 50 m oder 100 m ablesen.

Toll, oder? Ich finde es praktisch. In der nächsten Woche, wir haben knapp eine Woche vor Weihnachten 2017, möchte ich aber dennoch wieder mit dem Laufen anfangen. Und ja, ich gehe davon aus, dass es wieder genauso weh tut, wie Anfang 2017, als ich nach einer Laufpause wieder mit dem Training begonnen habe. Meine Ferse müsste wieder gehen und ich habe mich bereits für die Winterlaufserie 2018 vom LSV Porz angemeldet. Also auf geht's, die Vorbereitung auf das Laufjahr 2018 beginnt jetzt.

Ich muss aber heute noch einmal zum Schwimmen zurückkommen. Heute, einen Tag vor dem Heiligen Abend, war ich nochmals eine Stunde schwimmen. Bisher dachte ich immer, dass ich schon einen kleinen Knall habe, was das Thema Technik, Musik über WLAN und so weiter angeht. Heute beim Schwimmen habe ich meine „Meisterin" gesehen. Ich schwamm also meine Runden und es kamen und gingen andere Schwimmer ins Hallenbad. Bis hierher war alles ganz normal. Dann kam ein circa 50-jähriger weiblicher Paradiesvogel in die Halle. Pinker Badeanzug, so stand diese Dame also am Beckenrand. Schwimmstile bereits auf und gerade dabei, sich etwas in die Ohren zu stecken. Da stand diese Schwimmerin und fing mit den Füßen und dann mit den Beinen an zu wippen. Sie wippte im Takt. Erst wusste ich gar nicht, was sie da machte, doch dann machte es Klick in meinem Kopf und ich wusste, dass sie über wasserdichte Kopfhörer Musik hörte. Also wirklich, auf diese Idee bin ich nicht gekommen und möchte es auch nicht haben. Aber ich muss schon sagen, es gibt Sachen, das glaubt man nicht. Alles ist möglich.

Während ich meine Bahnen weiter schwamm, kam mir eine Idee, wie man ein neues Vertriebskonzept entwickeln könnte. Dazu auf der nächsten Seite mehr.

Vertriebskonzept

Um im Vertrieb Erfolg zu haben, wird von vielen Vertriebsleitern und CSOs (Chief Sales Officer = Vertriebsvorstand) immer wieder das Fußballspielen thematisiert. Man stelle sich also eine Mannschaft mit 11 Spielern vor, die nur ein Ziel haben: so viele Tore wie möglich ins gegnerische Tor zu schießen. Dazu wird ein Spielfeld mit den Spielern dargestellt. Soweit so gut, Mannschaftssport. Aber dann geht es los. Es werden die wildesten Spielzüge eingezeichnet: von hier, über den Spieler, dann zu diesem Spieler und dann noch zu diesem und jenem und dann ins Tor.

TOR = KUNDENGEWINN.

Das verstehe ich so weit alles, liebe CSOs und Vertriebsleiter, obwohl ich kein Fußballfan bin. Nur wenn ich die normale Presse der Bundesliga richtig im Kopf habe, ist seit Jahren Bayern München oben in der Tabelle und viele andere darunter. Es zeigt sich nüchtern betrachtet auch, dass nicht alle Bundesliga-Vereine es schaffen, in den Top 10 zu bleiben, oder? Jedenfalls nicht auf Jahre.

Was mich persönlich immer schon irritiert hat, ist die Tatsache, dass ich immer das Gewusel auf dem Spielfeld vor Augen habe. Wenn hier nur ein Pass beim Zuspiel nicht 90 % richtig ankommt oder aber der Gegner ein Foul einbaut, ist doch direkt das Ziel verloren. Hinzu kommen Faktoren wie Gelbe oder Rote Karten, Abseitsfalle, Rasenbeschaffenheit, Schiedsrichter und nicht zu vergessen der Torwart. Gegenspieler fehlen gelegentlich auch. Zeig mir mal ein Fußballspiel ohne Gegenspieler?

Also, wenn ihr, liebe CSOs, es schon sportlich vergleicht, dann würde ich persönlich einen Halbmarathon nutzen. Warum? Nehmen wir mal an, 30.000 Läufer starten gleichzeitig. Jeder läuft in seinem Tempo. Zwischendurch bekommen alle Läufer die Richtung angezeigt und sollte mal einer der Läufer sich verlaufen, dann erhält er sofort Unterstützung, um auf den richtigen Weg zurückzukommen. Dass sich jemand verläuft, kommt allerdings sehr, sehr selten vor. Warum ist das so? Der Weg vom Start bis zum Ziel steht und ist gut für jeden ausgeschildert. Alle Teilnehmer wissen im Vorfeld Bescheid und kennen den Weg, sogar die Zwischenziele stehen fest. Aber wie gesagt, sollte mal einer falsch laufen, kein Problem, dann wird der Weg korrigiert. Da der Weg zum Ziel nicht gerade um die Ecke ist, bekommen alle Läufer auf dem Weg sowohl Unterstützung vom Publikum (anderen Firmenbereichen) als auch Verpflegung (Ausrüstung, wie Laptop, Prospekte, Tarife). Nur durch diese Gesamtheit kommen fast alle der 30.000 Läufer ins Ziel. Und was am schönsten ist, es kommt nicht nur einer oder zwei an. Auch das „Spiel" gleicht eher dem, das man im normalen Geschäftsablauf findet. Ein Fußballspiel läuft 90 Minuten. Der Marathon 3 Stunden und es gibt nicht nur ein paar Erfolge, sondern wie bereits gesagt fast 30.000.

Und wer nun meint, dass es sehr einfach ist, einen Marathon zu laufen, dem biete ich immer mal an, es selbst zu versuchen. Der Aufwand im Hintergrund, wie Polizei, ärztliche Versorgung, Straßensperrungen, ist nicht geringer als beim Fußball. Meiner Meinung nach ist nur das Ergebnis über einen größeren Zeitraum da, weil circa 2 Stunden im Sekundentakt ein Läufer über die Ziellinie läuft. Hoch motiviert und glücklich erreichen die Läufer (Mitarbeiter) das Ziel, was kann es Besseres geben?

So, und nun bin ich mal gespannt, ob das einer der CSOs versteht und nutzt. Viel Spaß dabei, mal umzudenken.

Ach CSO, ich freue mich, wenn Sie (Respekt muss sein) meinen Namen nennen. Gerne stelle ich mich auch auf die Bühne beim nächsten Vertriebs-Kickoff und wir besprechen gemeinsam meine These.

Vielleicht ist manchmal mehr Offenheit der Schlüssel zum Erfolg.

Rückblick 2017

Ende 2016 hatte ich mir Ziele gesetzt. Erinnerst du dich daran?

Ich auch nicht direkt an alle, aber nun habe ich mal geschaut, was aus diesen Zielen geworden ist. Und nun kann ich sagen: „YES, alle geschafft." Nicht so, wie ich es mir gedacht hatte, mit einem etwas besseren Ergebnis als 2016, aber geschafft.

Das waren die Ziele:

**Winterlaufserie des LSV Porz Januar - Februar
10 Kilometer Lauf Venlo im März.
37. Halbmarathon Berlin im April.
21. Halbmarathon Köln im Oktober.
Teilnahme an den B2Run Läufen**

Hinzugekommen waren noch:

**10. Kilometer Paderborner Osterlauf.
Wings For Life Run München
23. Hella Halbmarathon Hamburg.
19. Kölner Halbmarathon (Generalprobe vor Köln)**

Falke Rothaarsteig Halbmarathon

Bei der Durchsicht habe ich mich selbst etwas gewundert, wie viele Läufe es dann doch waren in 2017. Ich habe in diesem Jahr sehr gelitten, keiner der Läufe ist mir leicht gefallen. Ganz im Gegenteil. Gerade der letzte in Schmallenberg über den Rothaarsteig war ein Halbmarathon zum Leiden. Aber ich komme wieder, da bin ich mir ganz, ganz sicher.

Neujahr 2018

Dresden
Montag, 01.Januar 2018

Sicherlich hört es sich immer ganz gut an, wenn man später sagt: „Ich bin am Neujahrsmorgen knapp fünf Kilometer in Dresden gelaufen." Nur mal ehrlich, ist es bekloppt, das zu tun?

Ja, ganz sicher.

Wir waren am Sonntag mit einem befreundeten Paar angereist. Wir waren den ganzen Silvestertag also sehr lange schon wach und natürlich auch in Dresden unterwegs. Vom Hotel zu Fuß zur Semperoper, zur Frauenkirche. Einkehrschwung ins Pulverfass, das ich jedem, der nach Dresden kommt, nur wärmstens empfehlen kann. Die komplette Ausstattung ist im Stil des Barocks gehalten. Traumhaft, hier einzukehren und die Atmosphäre aufzusaugen. Ein kleiner Teil des Weihnachtsmarktes stand noch zwischen Frauenkirche und Elbufer. Trotz des 31 Dezembers 2017 fühlte es sich mit milden 10 bis 12 Grad nach einem gemütlichen Spätsommerabend an Silvesternacht.

Unglaublich, wie schlecht der Glühwein oder die Feuerzangenbowle schmecken. Silvester war wirklich schön hier am Elbufer in Dresden. Nicht allzu spät machten wir uns alle vier auf den Weg zurück zum Hotel.

Neujahr, 06:30 Uhr. Der Wecker war gestellt, um knapp eine Stunde vor dem geplanten gemeinsamen Frühstück eine Runde laufen zu gehen. Es ist etwas anderes, einen Wecker zu stellen, oder dann auch laufen zu gehen, wenn 90 % der nicht arbeitenden Bevölkerung noch schläft. Das Handy brummte. Ich schaltete es aus und stieg aus dem Bett, um aus dem Fenster zu schauen. Ein kleines bisschen hatte ich ja die Hoffnung, dass es regnet oder schneit, was nicht der Fall war. Nun gut, ich hatte mir vorgenommen, eine Runde zu laufen, also machte ich mich lauf bereit. Die sechs Etagen lief ich die Treppen hinunter. Je weiter ich nach unten kam, desto lauter wurde es. Die letzten Nachtschwärmer saßen noch am Tresen, tranken ihr Bier und unterhielten sich lautstark. Alkohol macht taub.

Herrlich, die frische Luft hier draußen. Knappe sieben Grad, kein Regen und ob du es mir jetzt glaubst oder nicht, das frühe Aufstehen hatte sich gelohnt. Ich lief nach einem

235

freundlichen Neujahrsgruß an die rauchende Nachtschwärmer-Fraktion langsam los. Hier waren weitere zwei Prozent der Bevölkerung zu finden. Der erste Schritt ging Richtung Dresden Hauptbahnhof. Rechts dann weiter Richtung Einkaufsmeile, immer weiter geradeaus. Vorbei an der Philharmonie bis zur Frauenkirche. Menschenleer und im Halbdunkel der Nacht lag die Frauenkirche vor mir. Toll! Oder was meinst du?

Weiter ging mein Lauf. Um die Frauenkirche herum, am Restaurant Anno 1900 (das ich auch nur empfehlen kann) vorbei, zur Hauptstraße zurück. Hier hielt ich mich links, um einen Bogen zum Hotel zu laufen und nicht den gleichen Weg zurückzunehmen. Das wäre mir zu langweilig gewesen. Auf dem Rest der Strecke lag keine Sehenswürdigkeit mehr vor meinen Turnschuhen. Apropos Schuhe, pssst, nicht meiner lieben

Christine verraten, aber ich hatte mir zu Weihnachten ein paar neue Laufschuhe gegönnt. Ja, das passiert, wenn ich mir eine Laufzeitung mit Hinweisen kaufe. Lesen bildet bekanntlich und da dieser Schuh mein Problem „Fersensporn" positiv unterstützt, konnte ich gar nicht anders. Oder wie siehst du das als Leser? Versuch macht klug und das kann ich nach dem ersten Einsatz erstmal bestätigen. Danke an die Zeitung „LÄUFT".

Nach knapp 40 Minuten kam ich etwas fertig, aber froh, am Hotel wieder an. Während des Laufes musste ich zwar alle 500 Meter eine kleine Gehpause einlegen, aber das war mehr Schnurzpiepegal. Ich bin hier am Neujahrstag 2018 gelaufen. Darauf bin ich stolz.

Ach, ein Frühstück schmeckt viel besser nach einem Lauf. Auf ein neues gesundes, verletzungsfreies Laufjahr 2018.

Schwimmen

In den letzten Wochen wurde das Schwimmbad meine neue Heimat, was den Sport angeht. Was mir daran gefällt? Tja, genau diese Frage habe ich mir auch gestellt. Was ist es, Dirk, was dir so viel Spaß macht, ins Hallenbad zu fahren? Mit Sicherheit nicht das zweimalige Umziehen in einer viel zu engen Kabine. Auch nicht das doppelte Duschen. Mhhh, was ist es dann? Das manchmal langweilige Hin- und Her schwimmen inklusive des Ausweichens, um andere Schwimmer nicht zu treffen.

Hier musste ich wirklich tief in mich hineinhorchen. Und ich kann dir nun sagen, es ist das leichte Wasserrauschen. Das immer wieder durch die Schwimmbewegungen stattfindende Plätschern. Vielleicht hört sich das komisch oder auch blöd an. Bei mir erzeugt es ein sehr beruhigendes Gefühl. Sonst glaube ich, würde ich die Distanzen von bis zu 70 Bahnen à 25 Meter wohl auch nie überleben.

Interessant ist das Publikum im Bad ebenfalls. Von rüstigen Rentnern bis zu knapp 20-Jährigen sind alle hier vertreten. Richtig schön ist, dass man überhaupt nicht mehr erkennen kann, aus welcher Gesellschaftsform der oder diejenige kommt. Jedenfalls kann ich es nicht an den Badehosen erkennen. Wenn du das schaffst, hast du all meinen Respekt sicher.

Als Ausgleich für den täglichen Stress im normalen Wahnsinn finde ich es alle paar Tage wirklich super. Vielleicht passt es ja bei dir ebenfalls, teste es doch mal. Na los und nicht nach drei Versuchen schon aufhören. Das bringt so nichts, etwas mehr Einsatz musst du schon haben, denn aufgeben liegt uns doch nicht, oder?

Solltest du gerade in einer Abnehmphase sein, dann lege ich dir das Schwimmen ebenfalls ans Herz. Ich kann dir aus eigener Erfahrung sagen, dass eine Stunde Brustschwimmen fast dreimal so viele Kilokalorien verbrennt. Meist war ich am Wochenende so müde nach einer Stunde Schwimmen, dass ich mich erstmal für eine Stunde aufs Sofa gelegt habe. Und wer auf dem Sofa liegt und schläft, der isst dann auch nichts. So kann man zwei Fliegen mit einer Klappe schlagen.

Vier-Tage, Vier - City-Läufe

City 1:

Porz, Anfang Februar 2018 kam mein zweiter Lauf der Winterlaufserie des LSV Porz. Die 10 Kilometer lief ich mehr schlecht als recht. Mir fehlte einfach das Training. Am selben Abend musste ich noch nach Hamburg. Mich erwartete dort am Montag direkt ein Termin mit einem großen Kunden. Also kleiner Zwischenstopp zuhause. Ne, so schlimm war es dann doch nicht. Ich fuhr erst gegen Abend und kam auch sehr gut durch. Ohne Stress.

City 2:

Hamburg, am Montagmorgen wurde ich wirklich früh wach. Meine Uhr zeigte 06:00 Uhr. Ich war extrem fit. Also, was macht Mann, wenn man so früh, so fit ist? Richtig, laufen. Ich zog mich an und lief die Reeperbahn entlang Richtung Michel. Dann runter zu den Landungsbrücken. In der Nacht hatte es etwas geschneit. Kurz bevor ich an der Überführung zu den Landungsbrücken ankam, sah ich unter einer Brücke eine große Gruppe von schlafenden Obdachlosen.

Wir hatten knapp minus 6 Grad. Ich lief in Thermohose mit dicker Jacke und Handschuhen.

Ich kann mir nicht vorstellen, dass ein Mensch hier freiwillig lebt und schläft. Armes Deutschland, oder? Es sind diese freien Gedanken, die beim Laufen kommen und die für mich das Laufen ausmachen. Das Ganze beschäftigte mich noch eine ganze Weile. Erst als ich auf den Landungsbrücken entlang lief und ich meine Elbe sah, hörten die Gedanken an die Obdachlosen auf. Vorerst. Diese Gerade von 700 Metern liebe ich. Ist schon komisch, wenn ich das schreibe. Ansonsten bleibt es dabei, ich hasse lange Geraden. Hinten am anderen Ende lief ich die Straße hoch und dann kamen die Treppen nach St. Pauli. Die bin ich nicht gelaufen, nö, die nicht. Oben angekommen lag der Kiez vor mir. So früh am Morgen war es hier dreckig und öde. Menschenleer. Einmal am Burger King noch links ums Eck und geschätzt 300 Meter noch bis ins Hotel. Ich liebe diese Runde von knapp 4 Kilometern. So, nun duschen und auf in den Tag. Abends ging es weiter nach Berlin.

City 3:
Berlin, mein Hotel hatte ich am Montagabend bezogen. Es lag in der absoluten Nähe zum Tiergarten. Dienstagmorgen wurde ich wieder früh wach. Wieder war ich fit ohne Ende und da ich mir für Berlin vorgenommen hatte, auf alle Fälle zu laufen, zog ich mich direkt an. Berlin,

das Motel One, der Tiergarten haben für mich etwas ganz Besonderes. Hier lief ich meine ersten 7 Kilometer.

Um genau zu sein, am 25. März 2015 zusammen mit meinem Kollegen. Genau diese Runde wollte ich heute nochmal laufen. Es war dunkel und mit minus 7 Grad etwas kühler als gestern in Hamburg. Berlin war noch nicht so richtig erwacht. Die SPD-Parteizentrale lag schon hinter mir. Nun außen am Tiergarten vorbei Richtung Brandenburger Tor. Mensch, hier hab ich vor knapp drei Jahren mehr gelitten. Heute ging es erstaunlich gut vorwärts. Nun erwachte auch Berlin immer mehr zum Leben. Der ein oder andere Läufer kam mir entgegen. Vom Brandenburger Tor lief ich zur Siegessäule. Auf dieser langen Geraden kam mir ein Läufer entgegen. Ehrlich gesagt, weiß ich nicht, ob ich Respekt oder ein müdes Lächeln übrig haben muss. Der andere Läufer lief mit Gesichtsmaske, dicker Laufjacke und Handschuhen. Soweit so gut. Nur die Hose, die war kurz und machte den Eindruck, dass Sommer wäre. Mensch, so könnte ich nie laufen. Will ich auch nicht, damit macht man sich doch die Muskulatur kaputt, oder? Die Luft war kalt, aber sehr angenehm beim Laufen. Ich musste daran denken, wie ich vom Brandenburger Tor zur Siegessäule schon zweimal den Berliner Halbmarathon gelaufen bin. In knapp zwei Monaten kam bereits der dritte Lauf. Wow, ich hätte nie gedacht, dass ich mal so oft in Berlin laufen werde. An der Siegessäule bog ich wieder nach links ab und wechselte kurz die Straßenseite. Als ich an der CDU-Parteizentrale vorbeilief, standen TV-Teams ohne Ende vor dem Gebäude. Alle warteten darauf, dass es was Neues gab zum Thema Regierungsbildung. Die GroKo aus CDU und SPD sollte gebildet werden, seit September 2017. Wir haben Anfang Februar 2018 und nichts ist fertig. Muss an Berlin liegen. Flughäfen dauern hier bis zur Fertigstellung ja auch etwas länger. Was mich wundert: In Deutschland geht jeder auf die Straße, wenn was nicht so läuft, wie man es erwartet. Hier stand keiner. Nur ich. Durchgeschwitzt vom Laufen und ein paar frierende TV-Teams. Nun gut, ich lief weiter, wollte endlich warm duschen. Nach knapp 7 Kilometern war ich am Ziel. Also meiner Dusche im Hotel. Nach einigen Terminen in Berlin ging die Nord-Ost-Reise weiter Richtung Dresden.

City 4:
Dresden, dass ich so schnell wieder nach Dresden kommen würde, habe ich nicht geglaubt. Und dann auch noch in das gleiche Hotel wie im Oktober 2016. Reiner Zufall, auch wenn ich es selbst über unser Buchungssystem

gebucht hatte. Der Morgen nach bereits drei Läufen war schon etwas hart. Die Temperatur hatte sich zum Vortag nicht verändert. Minus sechs Grad sind wirklich nicht warm. Nun ja, ich habe es mir ja ausgesucht und wollte diesen Lauf heute machen. Einmal eben rund um den Zwinger, an der Semperoper vorbei, über die Elbe und zurück zum Hotel. Ein wirklich sehr schöner Lauf und die Strecke war mir ja durch den Lauf im Oktober 2016 bekannt. Mann, Mann, Mann, war das schon lange her. Es war ein sehr ruhiger Lauf. Wenig los um diese Uhrzeit und auch das Wetter brachte nicht allzu viele Fußgänger auf den Weg. Unter der Elbbrücke sah ich dann, wie ich es auch schon gesehen habe, eine Matratze. Unweigerlich musste ich an diesen armen Menschen denken, der hier die Nacht verbracht hat. Mensch, mir war schon kalt beim normalen Laufen. Wie soll man da nachts schlafen? Noch armes Deutschland. Mit diesen Gedanken kam ich am Hotel an. Sicherlich ging es mir und Millionen anderen besser. Jeden Tag. Ob man daran was ändern kann? Ich weiß es nicht. Aber ich will hier keine Politik machen, auch wenn ich immer mal abschweife. Sorry dafür, aber ich kann manchmal nicht anders.

**Ich bin in vier Städten gelaufen.
In vier Tagen hintereinander.**

38. Berliner Halbmarathon 2018

Freitag, 06. April 2018

Freitag 06:00 Uhr, fuhren wir los. Früher als in den letzten Jahren. Diesmal fuhren wir, also Christine und ich, ja auch nicht alleine nach Berlin. Dieses Jahr kamen Katharina, Nadine und Alexander mit. Zwar nicht wie letztes Jahr groß getönt als Teilnehmer (Inliner), aber immerhin als Zuschauer. Das Laufteam, also ich, hatte einen eigenen Fanclub in Berlin. Ist doch auch was, oder? Vier Wochen vor dem Event habe ich mir noch extra ein COOKIE MONSTER Running Shirt in Oberhausen bedrucken lassen. Vorne links einen kleinen Krümelmonster-Kopf und hinten einen echt großen. Dieser Kopf wurde dann von meinem eigenen Teamnamen umrandet. Herrlich. In einer Facebook-Laufgruppe hatte ich mehr durch Zufall ein Bild von einer Krümelmonster-Figur im Sportdress, inklusive Turnschuhe, gefunden. Du kannst dir vorstellen, dass ich diese Figur ebenfalls mit zum Lauf mitnahm, oder? Ich finde es herrlich, dass das Krümelmonster bei so vielen Läufern als Maskottchen angesehen wird.

In Berlin angekommen, holten wir die Startunterlagen das erste Mal am alten ehrwürdigen Flughafen Tempelhof ab. Die Ausgabe hier inklusive der Running Messe stattfinden zu lassen, hatte schon was für sich. Ich kann dir, egal wo du herkommst, wirklich nur empfehlen, dir diese Anlage in Berlin anzusehen. Das Wetter spielte für Anfang April mit. Die Sonne zeigte sich von ihrer besten Seite und wir hatten gegen Mittag bereits 24 Grad. Diesmal dauerte die Ausgabe nicht allzu lange. Keine Schlange zum Counter, nur der Weg bis dahin war echt lang. Gefühlte 10 km. Aber ich will mal nicht stöhnen. Christine und ich schauten uns noch etwas um und hatten auch das Vergnügen, den Bambini-Lauf live zu sehen. Süß, wirklich süß, wenn die kleinen Nasen loslaufen. Wir erhielten einen Anruf von unseren Kindern, dass sie fast am Hotel waren. Wir machten uns ebenfalls auf den Weg. Den weiteren Nachmittag verbrachten wir in Berlin rund um den Kurfürstendamm gemeinsam.

Sonntag, 08. April 2018

Start war wie in den letzten Jahren um 10:05 Uhr in der Nähe vom Alexanderplatz. Wir machten uns nach dem Frühstück so gegen 09:00 Uhr auf den Weg. Keine Aufregung in mir. Respekt vor der Strecke, ja, den hatte ich in mir, das sollte aus meiner Sicht aber auch genau so sein. Wenn der Respekt fehlt, glaube ich, geht man mit seinem Körper nicht mehr vernünftig um. Es wurde voller und voller. Ich hatte mich etwas warm gemacht und wartete mit allen anderen darauf, dass wir als letzte Laufgruppe an die Startlinie geführt werden. Es dauerte insgesamt knapp 30 Minuten von der ersten Startgruppe gerechnet, bis wir dran kamen. Meine kleine Fangruppe machte sich innerhalb der Wartezeit auf den Weg hinter den Startbereich. Sie wollten mich dort letztmalig anfeuern. Kurz hinter der Startlinie standen alle vier und brüllten, als ob ich der Führende wäre. Geil.

So, nun lief ich also meinen dritten Halbmarathon in Berlin. Kilometer zwei lag hinter mir und ich stellte mir die Fragen aller Fragen: Warum machst du das schon wieder? Die Temperatur lag schon bei 24 Grad vor dem Start und es wird noch wärmer. Danke, Berlin, dafür, ich mag es lieber etwas kühler. Nun denn, stöhnen hilft nicht, also weiter. Brandenburger Tor, Siegessäule, Straße des 17. Juni, das alles lag langsam aber sicher wieder hinter mir. Ich musste auf der Strecke schon an meinen letzten

Lauf im Februar 2018 denken. Minus sechs Grad hatte es hier damals. Die Polizeipräsenz war wie in den letzten Jahren gefühlt gering. Eigentlich hatte ich mit etwas mehr gerechnet, da gerade gestern in Münster ein Zwischenfall mit Toten vorgefallen war. Es handelte sich zwar nicht um einen Terroranschlag, aber immer noch um einen geistig verwirrten Mann, der mal eben so an einer Eisdiele in eine Menschenmenge gefahren war. Auffallend viele Event-Fotografen und das auch an Stellen, wo in den letzten zwei Jahren keine standen. Ich war gespannt und freute mich jetzt schon auf die Fotos. Schloss Charlottenburg und schon ging es Richtung Kurfürstendamm. Es wurde wirklich immer wärmer. Knappe 10 Kilometer hatte ich seit dem Start die Sonne immer auf der linken Seite gehabt. Nun auf den nächsten Kilometern, wir liefen ja bereits zurück in Richtung Start, auf der rechten Seite. Also, wenn ich zeitlich gleich laufe und die Sonne so bleibt, werde ich wenigstens gleichmäßig braun im Gesicht und an den Armen.

Jede Wasserversorgung inklusive ISO-Drink nahm ich mit. An der Urania gab es die erste Wasserdusche. Kleiner Tipp an dich: nehmen, kurz freuen über das kühle Wasser und weiterlaufen. Nach zwei Minuten ist das Ganze eh wieder verflogen. Checkpoint Charlie, der nächste Kulturhöhepunkt, lag vor mir. Mein Lauf lag weit hinter einer selbstgesetzten und während des Laufes geschätzten Zeit. Wenn du diesen sehenswerten Ort kennst, dann fällt dir das Wachhaus in der Mitte der Straße ein und auch die beiden für Fotos in Militäruniform posierenden Personen. Von weitem sah ich, dass genau dahinter einer der Event-Fotografen stand und Fotos schoss. Ich lief also auf den Verkleideten zu und gab ihm ein High-five. Das Foto, soviel kann ich sagen, ist eins meiner Lieblingsfotos geworden. Es hat eine fotografische Tiefe durch die schmale Straße im Hintergrund. Hinzu kommt die Atmosphäre, die geprägt wird durch die strahlenden Gesichter der Läufer – ja, das geht auch bei Kilometer 17 – und die USA-Fahne und

Umgebung. Interessanterweise kam ab hier wieder mein Tiefpunkt. Die letzten paar Meter liegen vor einem. Das Wetter spielt mit. Mein Fersensporn muckt sich dank Einlagen auch nicht und trotzdem geht einem langsam die Puste aus. Ich hätte mehr trainieren sollen. Hätte, hätte, hätte bringt mich aber nicht ins Ziel. Also weiter, Augen zu und innerlich schon mal auf das Erdinger alkoholfrei freuen. Ach Mist, da kommt ja noch bei Kilometer 20/21 ein kleiner feiner Anstieg. Okay, ich ging diesen mehr, als dass ich ihn lief. Dann, bei Kilometer 21, riefen auf einmal von rechts Stimmen: „Cookie Monster, lauf!"... Hallo, wer... mein Fanclub stand dort. Alle in einem meiner Krümelmonster-T-Shirts, mit einem großen Hut auf dem Kopf und brüllten mich an. Lauf, lauf... Als ich auf der Höhe meiner Lieben war, konnte ich es gar nicht fassen. Ich wollte High-five machen, nur konnte das keiner von den Vieren. Alle hatten Konfetti-Spender in der Hand und zogen gerade daran. Bumm und schon stand, ne, lief ich in einem Konfetti-Regen die letzten Meter weiter.

WAHNSINN, das war MEGA cool.

So, nun noch ums Eck und ich sah das Ziel. Mir kommt es immer so vor, als ob es immer weiter nach hinten geschoben wird. Da bist du, wenn du schon mal an einem offiziellen Lauf teilgenommen hast, nicht alleine mit dem Gefühl.

Ziel! Yes, es war geschafft. Die Zeit war hier die schlechteste, die ich je hatte, aber was soll es. Wenig Training, schlechte Zeit. Das ist ganz einfache Mathematik, gelle. Aber nach dem Lauf ist vor dem Lauf. Direkt nachdem ich meine Medaille bekommen habe und eine Banane plus mein Weizenbier getrunken hatte, lief ich aus dem Zielbereich zu meinem Fanclub. Meine Verwunderung war groß, als Alexander direkt auf mich zukam und mir mitteilte, dass er 2019 mit mir den Halbmarathon in Berlin laufen will. Okay? Ich lasse mich überraschen, dachte ich noch.

Heute kann ich bereits sagen, die Anmeldung für ihn und mich ist raus. Die Unterkunft ist gebucht und wir werden alle fünf im April 2019 wieder in Berlin sein. Was nicht wirklich schön war, waren die Nachrichten direkt nach dem Halbmarathon. Am Sonntagmorgen hatte man in Berlin mehrere Gefährder festgenommen, die nach den Pressenachrichten geplant hatten, einen Anschlag auf die Teilnehmer beim Halbmarathon auszuüben. Im Polizeibericht von diesem Tag standen später ein paar Hinweise, dass ein Sprengstoff-Spürhund wohl in den Kellerräumen angeschlagen hatte, aber kein Beweisgut gefunden wurde. Ah ja, der Hund hatte wohl komplett falsch angeschlagen. Richtig fand ich, dass man die mutmaßlichen Täter in Haft genommen hat und erst nach dem Event wieder auf freien Fuß gesetzt hatte. Ich möchte mir gar nicht vorstellen, was passiert wäre, wenn…

Okay, zurück zum Nachmittag in Berlin, den wir wirklich als Familie gemütlich in der Sonne und bei so manchem Kaffee verbrachten. Wir unternahmen noch die eine oder andere empfehlenswerte Berlin Tour, wie zum Beispiel eine Kutschfahrt ab dem Brandenburger Tor.

Wirklich etwas zum Genießen.

Auf dem Weg zu meinem Doppeltraum

Knapp ein Jahr noch, dann werde ich 50 Jahre jung sein. Gefühlte 30 Jahre maximal. Das waren meine ersten Gedanken, die mir durch den Kopf gingen. Ich stellte mir die Frage, was hast du noch nicht gemacht und was willst du noch tun? Der Gedanke war mehr im Unterbewusstsein wohl vorhanden. Doch dann, ja dann war er da und meine Gedanken nahmen Form an. Ich dachte an meinen Traum, bevor ich 30 Jahre alt werde: „Dann fliegst du nach New York."

Tja, das hat ja geklappt. 20 Jahre lagen zwischen diesem Traum und der heutigen Wahrheit. Wie sang Udo Jürgens damals? „Ich war noch niemals in New York." Stimmt, Udo, da war ich wirklich noch nicht. Christine und ich waren in Ägypten, Marokko, Kuba, Tansania, Thailand, Kapverden und was weiß ich wo. Nur da, wo ich vor über 20 Jahren hinwollte, da waren wir noch nicht. Knapp daran vorbeigeflogen auf dem Weg nach Kuba. Mehr nicht.

Unzufrieden bin ich damit nicht. Schließlich haben wir gemeinsam in 20 Jahren viel erlebt. Ja, gelebt. Mit Katharina und Nadine hatte ich ebenfalls immer eine tolle Zeit -es war halt nie langweilig und hat viel Freude gemacht.

Und nun, nun hatte ich 2018 im April diesen Gedanken. Meinen Traum. Und du kennst mich jetzt schon etwas besser, also machte ich mir Gedanken darüber und fand heraus, dass im März 2019 der jährliche Halbmarathon in New York stattfindet. Stunden habe ich damit verbracht, Informationen über diesen Halbmarathon zu bekommen. Datum 2019, kein Ding. Buchungen inkl. Preise über Laufreiseveranstalter, Fehlanzeige. Ich glaube, ich habe 10 Veranstalter per E-Mail kontaktiert, aber nur von fünf eine Antwort bekommen. Die Preise standen noch nicht fest und eine circa Aussage wurde auch nicht getätigt. Nur ein Reiseveranstalter, Achtung unbezahlte Werbung: interair SportReisen, war so nett und meldete sich wirklich beim Erscheinen des neuen Kataloges bei mir. Flug am 14. März 2019 ab Düsseldorf nach New York. Transfer, Hotel inkl. Frühstück, Betreuung rund um den Halbmarathon sowohl für mich als auch für Christine waren dabei. Zusätzlich konnten wir noch das eine oder andere hinzubuchen, wie One World Trade Center Besichtigung, Stadtrundfahrt und so weiter. Rückflug bereits am Montag, 18. März 2019.

Peng, das ist schon etwas heftig, fanden wir, und buchten drei Tage Verlängerung hinzu.

Um den kleinen Endbetrag auf der Rechnung im nächsten Jahr auch bezahlen zu können, informierte ich via WhatsApp meine Familie darüber, dass ich zum Geburtstag, Ostern, Weihnachten oder auch mal so, keine Geschenke haben wollte. In der Nachricht wies ich darauf hin, dass ich im Wohnzimmer eine Spardose, passenderweise mit New Yorker Taxen darauf, aufgestellt habe. Ich wollte kein Geld in einer Glückwunschkarte oder so in die Hand bekommen. Alle sollten es einfach einwerfen und gut ist. Es ging mir ja nicht darum, zu wissen, wer wie viel gespendet hatte, sondern nur, dass es etwas einfacher würde, die Reise, ja meinen Doppeltraum, zu verwirklichen. Laufen und New York sehen, fühlen, riechen, ich bin gespannt. Zusätzlich zu meiner WhatsApp-Nachricht startete ich, als die Rechnung des Veranstalters vorlag, einen Countdown. 248 Tage bis zum Abflug. Mann, ist das noch lange bis dahin.

Trailläufe

Innsbruck Alpine Trailrun Festival 2018
Freitag, 27. April 2018

Am Freitag, 27. April 2018, startete ich mein nächstes läuferisches Abenteuer. Mein Freistart beim Innsbruck Alpine Trail Festival 2018 stand an. Es gibt echt Momente, da weiß ich nicht genau, was ich mitnehmen soll. Von uns aus liegt Innsbruck knappe 760 Kilometer weit entfernt, sodass ich nicht mal eben sagen könnte, okay, ich hole es noch eben. Sicher war, dass ich alleine nach Österreich fahre. Leider musste Christine arbeiten und konnte mich nicht begleiten.

Ich packte also meine Sachen und nahm sowohl warme als auch sommerliche, kurze wie lange Hosen mit. Auch eine Laufjacke, die ich zusätzlich in den Trinkrucksack gepackt habe, wurde mehrfach ausgetauscht, da ich den Eindruck hatte, immer noch zu viel Gepäck darin zu haben. Es gab eine klare Ausrüstungsliste, was wir Läufer mitnehmen müssen. Das Ganze sollte laut E-Mail bereits bei der Startnummernausgabe geprüft werden. Traillaufschuhe hatte ich. Regenjacke auch. Trinkrucksack ebenfalls, auch wenn der bereits seit über einem Jahr in meinem Schrank lag. Also alles gut und vorhanden.

Kennst du das?

Du hast deinen normalen Koffer im Auto, Jacke, Handy, alles dabei. Dann fährst du los und holst um die Ecke noch eben Geld am Automaten ab. Schwups, sitzt du wieder im Auto und denkst... Hoppla, da habe ich doch was vergessen. Meine gesamte Trail-Ausrüstung hatte ich im Schlafzimmer vergessen. Na prima, also retour. Zum Glück ist mir das hier noch eingefallen und nicht erst in München. Zwischenstopp erledigt, alles im Auto und losging die Reise. Die Autobahnen waren extrem voll, was an einem Freitagvormittag nicht wirklich ein Wunder war. Mehrere Baustellen inkl. der Staus lagen hinter mir, als ich gegen 16:00 Uhr in Innsbruck am Hotel ankam. Es war ein wirklich kleines, von außen nicht wirklich einladendes Hotel. Innen aber doch sauber und durchaus zu empfehlen für ein Wochenende.

Wie immer machte ich mich nach einem kurzen Auspacken und Umziehen auf den Weg zum Eventplatz, schließlich wollte ich meine Unterlagen direkt abholen. Das Wetter war ausgesprochen gut, sodass ich in kurzer Hose ohne Jacke und weiteren Firlefanz losging. Je weiter ich ins Zentrum kam, umso schöner wurde Innsbruck. Wirklich mal eine Reise wert. Meine Startunterlagen hatte ich nach knapp 2 Minuten in den Händen und schaute mir die Messestände noch an. Interessant waren die Artikel, da ich ja überhaupt keine Erfahrung mit Trail-Läufen und der Ausrüstung hatte. Mein Trinkrucksack, ich hab, den glaube ich schon mehr als zwei Jahre im Schrank, wird mir, hier glaube ich sehr, sehr gute Dienste leisten. Ich lief hier also morgen die Rookie-Strecke, Mensch, da bin ich ja mal gespannt.

Knappe 17,5 km und 478 Höhenmeter waren zu überwinden, las ich an einer Informationswand. Der Hammer war der Spitzenlauf. Schlappe 80 km, ohne Ende Höhenmeter und ein Start um 05:00 Uhr morgen früh. Alter Schwede, ich hab schon Respekt vor den 17 bis 18 km.

Sonne genießend mit einem Bierchen vor mir, saß ich kurze Zeit später an einer Bierzeltgarnitur. Herzlich hier. Schade nur, dass Christine nicht dabei ist. Wenig später machte ich mich auf den Weg in die Innsbrucker Altstadt. Ich hatte Hunger und fand direkt ein sehr schönes, älteres Restaurant. Hier ließ ich mich nieder. Nach dem Essen machte ich mich, etwas müde, langsam auf den Weg zurück ins Hotel. Nachdem ich etwas Fernsehen geschaut und mit Christine telefoniert hatte, schlief ich nach der doch langen Fahrt ein.

Samstag, 28. April 2018

Am nächsten Morgen machte ich mich nach dem Frühstück im Hotel gegen 11:00 Uhr auf den Weg zum Eventgelände. Mein Lauf sollte erst am späten Nachmittag losgehen. Also noch genug Zeit, die Sonne, das Event und alle Leute drumherum zu genießen.

Um 17:00 Uhr fuhren die Busse von hier zum Start nach Hall in Tirol. Dort erfolgte knapp 30 Minuten später der Start. Über die Berge zurück nach Innsbruck. Mensch, das war wirklich anstrengend. Immer höher und höher ging es hinauf. Die Luft wurde für mich gefühlt immer dünner und auch die Wärme am Abend tat meiner gesamten körperlichen Verfassung nicht gerade gut. Also ich lief mehr, als dass ich rannte. Ging einfach nicht. Vor mir liefen drei andere Läufer und das in etwa gleich schnell. Auf der halben Strecke hatte ich dann die rote Laterne an mir. Wenn du nicht weißt, was das ist, es ist das Schlusslicht des Rookie-Laufes.

Und das war halt ich.

Die rote Laterne war ein junges Mädchen, mit dem ich mich dann den meisten Teil der restlichen Strecke unterhielt.

Sie selbst kam aus Deutschland und ihr Vater war mal selbstständig in meinem Heimatort. Wir mussten beide lachen, wie klein die Welt doch ist. Nun arbeitete sie in Österreich und fühlte sich sehr wohl. Ich mich da noch nicht, es ging immer noch bergauf.

Wie bei allen anderen Laufveranstaltungen muss es nach einem langen Weg rauf, auch wieder einen Weg nach unten geben. Ja, der kam und wie der kam. Es ist leider so, dass dieser sehr eng durch den Wald, über Wurzeln und um Bäume herum führte. Wie sollte es auch anders sein, knallte ich mit dem einem Zeh links mit Volldampf gegen die Wurzel. Und da das sehr, sehr weh tat, trat ich mit dem rechten Zeh beim Abfedern des linken Beines ebenfalls gegen eine Wurzel.

Es war wirklich ein schönes Gefühl, als ich meine Zehen wieder gefühlt habe. Dass diese beiden Zehen knapp fünf Monate einen blauen Zehennagel haben werden, damit habe ich damals nicht gerechnet.

Es war aber trotzdem schön, hier durch den Wald zu laufen, dem Ziel entgegen. Es wurde schon langsam dunkel, als meine persönliche rote Laterne und ich Richtung Ziel liefen. Kurz vor dem Ziel hätte ich locker noch die drei anderen

Läufer vor mir überholen können. Aber warum hätte ich das wohl machen sollen? Wir liefen alle vier zusammen durch das Ziel. Laufen fördert Gemeinsamkeit. Ich muss schon sagen, das war ein tolles Erlebnis und ich kann mir vorstellen, es nochmals zu laufen, dann aber mit weniger Gewicht und etwas mehr Fitness.

BIG Urban Trail

Trail hört sich immer erstmal nach extremen Höhenmetern, matschigen Waldwegen und völlig verdreckter Bekleidung nach dem Lauf an. Hier war es komplett anders. Die Buchstaben BIG stehen für eine große Krankenversicherung und diese ist als Hauptträger für diesen Innenstadt-Bewegungslauf als Sponsor tätig. Es gibt keine Zeit und keinen Sieger. Sieger sind alle, die von der Couch aufgestanden sind und teilnehmen. Alle laufen so schnell, wie sie können oder möchten. Der Lauf wird über diverse Sehenswürdigkeiten in Dortmund veranstaltet. Zwischen den einzelnen Punkten läuft man und dann kommt man wieder zum nächsten Punkt auf der Liste. Heute standen ein Boxclub, das alte Stadion Rote Erde direkt am Signal Iduna Stadion (Westfalenstadion) oder auch das Heim des BVB genannt, auf der Liste. Aber auch die

Hauptpolizei, ein Sushi-Tempel mit leckeren Häppchen oder das frisch gezapfte Bier waren nicht zu verachten. Alles in allem eine wirklich coole Veranstaltung, an der Christine, Katharina und ich gerne teilgenommen haben. Mal sehen, was 2019 ansteht an Sehenswürdigkeiten, vielleicht nehmen wir dann wieder teil.

Die Generalprobe Köln 2018

Sonntag, 26. August 2018

Irgendwie kann ich es ja nicht lassen, aber Traditionen müssen sein und mit diesem Lauf-Event habe ich noch eine Rechnung offen. Wir erinnern uns an 2017. Eigentlich war mein Ziel, die 28 km zu laufen. Es lief auch wirklich gut und hätte echt klappen können. Ja, hätte, wenn nicht das T-Shirt meine Brustwarze so sehr gerubbelt hätte, dass sie geblutet hat. Vorweg, dieses Jahr war mir schon klar, das wird nichts. Ich glaube, das habe ich nach all den Läufen in den letzten Jahren im Blut. Es ist diese Leichtigkeit bereits beim Aufstehen am Morgen. Ein Gefühl, das ich als „heute ist mein Tag zum Laufen" beschreiben würde das Gefühl war heute nicht da. Einfach im Bett geblieben.

Und ich?

Ich stand wieder in diesem Stadion und wartete darauf, dass der Lauf beginnt. Ein bisschen warm machen, ja, das habe ich gemacht. Trotzdem kam kein schönes „Sonntags ich lauf-Gefühl" auf. Es war eigentlich eine Quälerei ohne Ende. Meine Fresse, was mache ich hier eigentlich, das war kein wirkliches Laufen. Und nochmal, warum tue ich mir das eigentlich weiterhin an?

Ich mache es mal kurz. Nach 14 Kilometern war Feierabend und der Papa ging noch kurz ein alkoholfreies Bier holen und machte sich wieder auf den Weg zum Auto.

Wie gesagt, Papa hatte fertig.

Weiter laufen oder…?

Zwischen der Kölner Generalprobe und dem Kölner Halbmarathon hatte ich so wirklich keinen Antrieb zum Laufen. Aufgeben liegt mir nicht und wenn ich mir zusätzlich auch noch ein bis achtzehn Ziele gesetzt habe, dann wird es noch schwieriger zu sagen, ich höre auf mit dem Laufen. Mensch, wenn ich an 2016 zurückdenke, da hatte ich im Sommer Zeiten um den Harkortsee gelaufen, Wahnsinn.

Auch der Kölner Halbmarathon 2016 mit meiner extrem guten Zeit von 02:26:07 haut mich immer noch um. Ich spüre noch immer die Leichtigkeit dieses Halbmarathons in mir. Jeden verdammten Kilometer kann ich im Kopf noch abspulen und was viel wichtiger ist, spüren. Der Moment, als ich auf dem roten Teppich die allerletzten Meter gemacht habe.

Mein Blick auf die Laufzeitanzeige, das Klacken der einzelnen Pfennige (für alle, die jünger sind, das war mal unsere Währung und der Spruch die Darstellung der langsamen Aufnahme von Information im Gehirn), die in meinem Gehirn hinunterfielen, um sicher zu sein, dass ich weit unter meiner Zeit in Berlin lag. Ja, diese Gefühle fehlten mir beim Laufen gerade massiv. Ich wollte es wieder haben, das Gefühl, aber ich wusste nicht wie. Irgendwie konnte ich tun, was ich wollte, es wurde nicht besser mit dem Laufen. So ganz nebenbei habe ich mir schon mein letztes Laufjahr 2019 vorgestellt.

Halbmarathon in New York, Berlin und Köln und gut ist. Papa hat fertig und läuft nur noch aus Spaß. Nur wenn ich das so mache und 2019 nur noch die Halbmarathons laufe, laufe ich dann 2020 überhaupt noch? Ich glaube nicht. Wenn ich nicht diese manchmal wilden Ziele habe, dann, ja dann werde ich fetter und fetter und laufe nicht mehr. Ich rolle dann die Straßen entlang. Will ich das? NEIN, ganz klar nein. Also Laufschuhe an und raus, denn wie heißt eins meiner Lieblingsbücher: „Lauf, du Sau".

22. RheinEnergie Köln Halbmarathon 2018

Sonntag, 07. Oktober 2018

Manche Personen in meinem Umfeld sagen ja, ich kann sehr, sehr hartnäckig sein. Fast schon ein Arsch, um es hier mal deutlich auszusprechen. Keine Ahnung, warum die Personen so von mir denken. Wichtig ist, dass ich es manchmal wirklich sein kann. Aber, und da lege ich sehr viel Wert drauf, immer nur im Positiven. Fast ein Jahr lang habe ich meinen Lieblingskoch und Trattoria-Besitzer, Mentor, bearbeitet, am Halbmarathon in Köln teilzunehmen.

Die Anmeldung (was heißt das schon :-))
hatte Mentor gemacht.

Ich war gespannt. Ich stand in der Startaufstellung und Mentor klopfte mir von hinten freundlich auf die Schulter. Mensch, sogar seine Frau hatte sich zum Halbmarathon angemeldet. Cool, dass er es wirklich gemacht hat.

Zur Ehrenrettung muss ich hier sagen, dass ich nie daran gezweifelt habe, dass Mentor mitmacht. Nur darf man nicht vergessen, dass er auch noch sein Restaurant leitet und es immer mal vorkommen kann, dass nicht alles so läuft, wie er es sich gedacht oder im Vorfeld abgestimmt hat. Hut ab und Laufschuhe an. Wir starteten zusammen und liefen bis auf ein paar Meter fast den gesamten Halbmarathon zusammen. Durchweg liefen wir in einem normalen Tempo für uns. Mentor strahlte und hatte sichtlich Spaß dabei zu sein. Gemeinsam mit seiner Frau nahm er die Atmosphäre des Events auf. Ja, Köln ist schon etwas Besonderes. Und dann, ich konnte es nicht glauben, traf es wieder mich. Um Kilometer 17 circa tat mir meine linke Wade weh, sodass ich langsamer laufen, ja erstmal gehen musste. Ich zeigte Mentor an, dass er nicht warten braucht. Erst wollte er bei mir bleiben, doch das wäre echt Quatsch gewesen. Es tat gut zu wissen, dass hier nicht nur Trattoria-Besitzer und Kunde liefen, sondern auch, ja, ein bisschen Freunde. Mentor lief dann nach ein paar Augenblicken auch weiter. Ich nicht. Ich ging die nächsten Meter und versuchte es aber immer wieder. Jetzt mit dem Blick nach hinten hätte ich das vielleicht mal lieber nicht gemacht. Aber nachher ist man immer schlauer, oder? Mit der letzten Kraft in der Wade lief ich immer wieder an und nach endlosen Minuten ins Ziel. Ich weiß noch, wie ich dachte: Geschafft, jetzt noch ein bisschen was trinken und essen. Dann auf nach Hause. Nach dem Zieleinlauf bin ich kurz stehengeblieben, nachdem ich meine Medaille bekommen habe. Ich konnte sogar noch lachen wie man auf dem Foto sieht, kur darauf war das aber leider komplett vergessen.

Dann konnte ich nur nicht mehr laufen. Es fühlte sich an, als ob mein komplettes rechtes Bein nicht mehr mir gehören würde. An normales Auftreten war nicht zu denken, ich rollte meinen rechten Fuß ab und schob dabei meinen linken vor. Es schmerzte extrem und der Weg vom Ziel bis zum Ausgang ist in Köln extrem lang.

Mentor rief mich auf meinem Handy an und um es kurzzumachen, wir trafen uns am Ausgang des Zielbereichs alle drei wieder. Die beiden waren total bestürzt, dass ich nicht laufen konnte. Ich bat sie, mir meinen Beutel mit den Wechselklamotten vielleicht eben zu holen. Das war für beide eine Selbstverständlichkeit. Mensch, war ich fertig und super froh, als sie wieder da waren. Endlich aus den nassen Sachen und rein in trockene Bekleidung. Beide wollten noch bleiben und machten sich Sorgen um mich. Es ging ganz langsam besser und ich bat beide, sich auf den Heimweg zu machen. Schließlich muss heute Abend die Trattoria geöffnet werden. Schweren Herzens, ich konnte es ihnen ansehen, machten sie sich auf den Weg. Auch ich versuchte mich langsam, nachdem ich mich umgezogen hatte, auf den Heimweg zu machen. Es ging immer noch nicht besser, aber ich kam nach endlosen Minuten am Neumarkt an. Erstmal hinsetzen. Zum Glück hatte ich mir was zu trinken und zu essen eingepackt. Ich schaute mir die Menschen an und versuchte dabei, mein rechtes Bein zu entspannen. Zum Glück tat das meinem Bein gut und nach knapp einer Stunde machte ich mich auf den Weg zum Auto.

Köln, immer wieder Köln. Warum hier? Egal, es war wie es war und ich werde auch 2019 antreten. Gebucht habe ich es schon.

Bandscheibenvorfall

Samstag, 13. Oktober 2018

Nach einer normalen Nacht wollte ich nur aufstehen. Eigentlich wie immer. Dachte ich damals. Bevor ich also aus den Federn war, spürte ich einen extremen Schmerz im linken Bein. Die Schmerzen zogen vom Hinterteil über den Unterschenkel, die Wade, direkt in die Zehen. Alles auf der linken Seite. Super, ganz toll, dachte ich noch. Das braucht kein Mensch. Wieder mal der Ischiasnerv. Es wird schon wieder weggehen, gleich. Also irgendwann halt. Hoffentlich noch bevor wir zu unseren sehr guten Freunden fahren. Ich muss betonen, dass wir trotz des Datums Mitte Oktober noch immer knapp 20 Grad draußen hatten und wir grillen wollten. Ich freute mich sehr auf unsere Freunde, schließlich hatten wir uns schon sehr lange nicht mehr gesehen.

Gegen 14:00 Uhr, ich konnte humpelnd laufen, die Schmerzen wurden immer mehr, kam Katharina vorbei. Schließlich wollten wir alle zusammen zum Grillen. Als sie mich sah, wollte sie mich doch glatt zu Hause lassen, da es mir nicht gut ging. Blöder Plan, so schnell gebe ich nicht auf. Also rein ins Auto, der Beifahrersitz war meiner. Zugegeben, es war schon sehr schmerzhaft dort zu sitzen. Aber 20 Minuten müsste ich ja aushalten, ich bin ja schließlich nicht alt. Wir kamen an, auch ich. Mensch, was war ich glücklich, wieder aus dem Auto herauszukommen. Hey, ab in den Garten und Spaß haben. Und was ich für einen Spaß hatte, wahnsinnigen Spaß. Ich rutschte von der einen Po-Backe auf die andere. Dabei versuchte ich, mein linkes Bein mal auszustrecken und dann wieder anzuziehen. Immer alles mit einer leichten Rechts-Haltung. Was soll ich sagen? Nach knapp drei Stunden musste ich leider unseren Besuch beenden. Es ging nicht mehr. Also wieder ins Auto rein und los.

Nur weit ging es nicht, vielleicht 1,5 Kilometer, dann bog meine Tochter links ab und wir parkten unter dem Marienhospital. Vielleicht kannst du dir vorstellen, dass ich darauf mal so gar keine Lust hatte. Das habe ich auch von mir gegeben. Aber sowohl meine Christine als auch Katharina waren da anderer Meinung. Was soll man da tun, außer zu gehorchen. Im Krankenhaus wurde ich dann ab dem Empfang in einen fahrbaren Stuhl verfrachtet und zur Notaufnahme um die Ecken geschoben. Mensch Kinder, ich hätte auch laufen können. Nicht so schnell, aber laufen. Hier trafen wir auf einen sehr netten Arzt, der direkt für uns, also mich, Zeit hatte. Machen Sie mal so und machen Sie mal das. Und wenn Sie das so und so machen, tut das dann hier weh oder mehr da. Nach knapp 10 Minuten bekam ich schon einen kleinen Vorgeschmack auf das, was in den nächsten Wochen folgen sollte, nur wusste ich davon noch nichts. Ich dachte ja noch, okay, du bekommst jetzt einen Schmerztopf und morgen ist wieder alles gut.

Weit gefehlt, ich bekam am Montag direkt eine Krankmeldung von meinem Hausarzt und das für die nächsten eineinhalb Wochen. Dazu die klare Anweisung, jeden Tag zur Praxis zu kommen und mir einen Schmerztopf abzuholen. Laufzeit des Schmerztopfes circa eine Stunde.

Verdacht auf Bandscheibenvorfall.

Na super, genau das, was ich im Moment brauche.

Hallo Körper?
Wir haben noch etwas vor dieses Jahr. Am 09. Dezember den 5 Kilometer St. Pauli X-Mas Lauf in Hamburg und am 31. Dezember 2018 den Silvesterlauf von Werl nach Soest. Mensch, beide

Events stehen schon lange auf meiner Liste. Ganz zu schweigen davon, dass ich so langsam schon mal mit dem Training für den Halbmarathon in New York 2019 beginnen wollte. Bis Mitte März ist es nicht mehr so weit.

Bandscheibe. Wer braucht schon einen Bandscheibenvorfall? Ich nicht. Ach, keiner braucht das.

Jeden Tag lief ich nun brav zum Doktor, Tropf abholen und danach etwas fliegender nach Hause. Mensch, war das ein Gefühl. Autofahren war nach dem Topf tabu, wollte ich aber auch nicht, auch ohne Hinweis. Als ich nach den ersten eineinhalb Wochen keine Verbesserung vermerken konnte, bat ich um ein MRT. Mensch, das war machbar, warum nicht gleich. Auch Physiotherapie, sechs Anwendungen, war kein Ding. Her damit, alles was geht. Den MRT-Termin hatte ich sogar am selben Tag noch. Aber nur den MRT-Termin, ohne Gespräch mit einem Arzt. Der Bericht sollte in 1 bis 2 Tagen eintreffen. Bei manchen Krankenhäusern sind 1 bis 2 Tage wohl eher Wochen. Nur auf die Nachfrage meiner Hausärztin wurde der Bericht „zeitnah" angefertigt.

Der MRT-Bericht teilte mir dann unverblümt mit, dass ich einen Bandscheibenvorfall LW5 hatte. Na toll und nun?

Nun wurde ich erstmal Beifahrer. Was ich damit meine? Nun ja, es ist doch so, dass nun der Spaß von einem Doktor zum nächsten beginnt. Zum Gespräch über die nächsten Schritte ging es dann in ein anderes Krankenhaus im Ort. Dieser Arzt wollte gar nicht das Ergebnis von der Untersuchung haben, sondern nur die CD der MRT-Aufnahme. Im Gespräch dann zum Glück: keine OP, weiterhin Physiotherapie, Ruhe und Tabletten gegen die Schmerzen. Mein Physio meinte, ich solle doch im Nichtschwimmerbecken laufen. Immer gegen das Wasser. Zeit circa 20 Minuten, wenn es geht. Das war natürlich was für mich. Die Halbjahreskarte fürs Hallenbad hatte ich eh schon und mit dem Automatik-Autofahren ging ja auf kurzen Strecken zum Glück schon wieder. Ich glaube, für mich war es mehr ungewohnt als für alle anderen Schwimmgäste. So ein bisschen blöd kam ich mir schon vor, im Entengang im Rund laufen. Ach Mensch, was war das ein Erlebnis. Aber ich merkte nach ein paar Tagen, es hilft. Meine Hausärztin schickte mich weiter zu einem Orthopäden. Der Doc war wirklich nach meinem Geschmack. Nach der Untersuchung setzte sich dieser auf dieselbe Liege und erklärte mir die drei Möglichkeiten:

- **Operation. Ohne Gewähr, dass es was bringt.**
- **Physiotherapie und Akupunktur**
- **Cortison-Therapie eine Woche in der Klinik**

Für mich schieden die Punkte 1 und 3 direkt aus. Physiotherapie und Akupunktur sind okay. Aber ich lasse mich (noch) nicht operieren und eine Woche in der Klinik Cortison-Therapie? Nee, beides noch nicht mein Ding. Wir einigten uns auf eine Cortison-Spritze direkt jetzt in den Rücken. Der Doktor kann was, das muss ich echt neidlos ihm lassen. Er hat den Punkt getroffen. So soll es sein, oder? Am nächsten Morgen ging es los mit der Akupunktur. Der Hinweis, dass man nach der ersten müde werden kann, stimmte bei mir. Als ich nach der ersten Akupunktur nach Hause kam, war ich müde und war sofort weg, als ich mich hingelegt hatte. Mein Schlaf war so tief, wie schon extrem lange nicht mehr, richtig schön weit weg war ich.

Mein Programm für die kommenden Wochen waren sehr anstrengend, ein Wechsel zwischen Physio, Akupunktur, Laufen im Nichtschwimmerbecken. Nach vier Wochen wurde es langsam besser. Meine Zehen wurden besser, also vom Gefühl her wacher. Zum Glück. Nach fünf extremen Wochen ging ich wieder arbeiten.

Meinen ersten Versuch, wieder zu laufen, wagte ich an einem Wochenende nach knapp sechs Wochen. Ja, ich weiß, was du sagst: Bist du bekloppt? Was soll das... und so weiter. Locker bleiben, ich habe bei einem Seminar in der Sportklinik Hellersen in Lüdenscheid mich erkundigt und der Oberarzt teilte sowohl einem Mountainbikefahrer wie mir als Läufer mit, dass wir alles machen dürfen, solange es nicht dabei oder aber am nächsten Tag weh tut. So und wie soll ich es versuchen, ohne es zu versuchen? Richtig, das geht nicht. Also hab ich es versucht. Erst drei Kilometer abwechselnd gelaufen bzw. gegangen, um ein Gefühl dafür zu bekommen. Bis auf die Luft, die mir fehlte, ging es eigentlich nach über sechs Wochen ganz gut. Warum es nun besser wurde, kann ich noch nicht einmal genau sagen. Vielleicht ist das einfach ein Mix aus allem, was ich gemacht habe. Ist mir auch egal, ich bin froh, es erst einmal überstanden zu haben. Mal sehen, was ich in den kommenden Wochen noch so alles schaffe. Eins sollte dabei sein, dass ich Gewicht verliere. Das Kortison und das Nichtstun (dann esse ich halt gerne mal süßes) haben zusammen echt Kilos auf meinen Körper geschoben.

Nach knapp fünf Wochen konnte ich langsam wieder mit dem Laufen anfangen. Endlich. Glück gehabt, dass es so schnell wieder nach vorne ging.

X-Mas Run St. Pauli 2018

Sonntag, 09.Dezember 2018

Dieser etwas andere Lauf stand heute in Hamburg auf dem Kalender. Jeder der mitlaufen wollte, musste sich verkleiden. Die meisten kamen in Nikolaus Kostümen. Andere in sehr ausgefallenen Halloween Kostümen. Ich hatte mich für den Umhang vom Nikolaus entschieden, aber dazu einen großen Elchhut aufgesetzt.

Am Start vor dem Millerntor-Stadion war noch alles in Ordnung. Wir durften wie bei so machen B2Run Läufen nach dem Start durchs Stadion laufen. Dann setzte leider etwas, wenn auch leichter Regen ein. Die Strecke führte einmal die gesamte Runde durch den selbst im Winter wundervollen Park von Planten un Blomen.

Ich spürte wie mein Hut immer schwerer wurde durch den Regen. Die halbe Runde ging es vom Stadion immer schön den Berg runter. Was natürlich bedeutete, das ich wie alle anderen auch, auf der andern Seite wieder rauf musste. Ich spürte meine Beine, denn ich war nach meinem Bandscheibenvorfall noch nicht so richtig wieder gelaufen.

Ich hörte extrem in meinen Körper. War da ein Anzeichen, das ich Probleme bekommen könnte, oder ging alles gut?

Es war schon etwas Besonderes hier zu laufen, es war trotz allen eine Wilde Party, die sich durch den Park schlängelte. Hier wollte ich genauso mitlaufen wie bei vielen anderen Laufevents bereits. Nun war ich dabei und fühlte mich gut dabei, bis, ja bis es wieder Heraufging. Da war es mit meinem schönen lauf und der Leichtigkeit vorbei. Ich musste mich schon sehr Quälen, um ins Ziel zu kommen. Nun tropfte es sogar schon aus meinem Hut raus, so vollgesogen war der mit dem Regenwasser.

Aber alles geht einmal vorbei bzw. Ins Ziel. Die Medaille hat noch heute einen Ehrenplatz bei mir.

Ich kann diesen Lauf wirklich nur Empfehlen, da er ohne Stress abläuft, wer ist wann im Ziel. Es ist einfach eine nette Party.

Silvesterlauf Werl nach Soest 2018

Montag, 31.Dezember 2018

Hier wollte ich schon seit Jahren teilnehmen. Der Lauf war als Top-Event von vielen angepriesen worden, sodass ich hier einfach teilnehmen musste. Schon alleine, um mitsprechen zu können. In den letzten Jahren waren wir über Silvester nicht zu Hause, sodass es einfach nicht gepasst hat. Dieses Jahr passte es. Angemeldet und schon war der Tag da. Ich betrachte meistens ja die Informationen im Vorfeld einer solchen Veranstaltung. Gewundert habe ich mich schon ein bisschen darüber, dass es keinen Sammelparkplatz mit anschließendem Bustransfer zum Start gab. Jedenfalls keinen in Werl. Von Soest aus ja, nur wollte ich nicht erst bis nach Soest mit dem Auto fahren und dann mit dem Bus nach Werl. Aber nun gut, ich habe ja nach etwas Suchen einen freien Parkplatz gefunden. Phänomenal fand ich, dass erst weitere Läufer mit ihren PKW dort parkten, als ich dort stand. Es ist doch wie meistens bei uns im Lande: Wenn zwei Kassen im Supermarkt offen haben, stellen sich alle an der Kasse mit der Schlange an. Gehst du dann als einziger an die freie Kasse, kannst du dir anhören, dass du echt alles gerade falsch machst und dich vordrängelst. Ist doch komisch, oder?

Zurück zum Lauf. Ich lief die paar Meter zur Stadthalle, um meine Startunterlagen abzuholen. Überrascht war ich, wie voll es hier war. Okay, es war laut Veranstalter der größte Silvesterlauf Deutschlands, aber hier drängte sich wirklich alles in die Stadthalle hinein. Das Wetter war etwas kalt und hin und wieder fielen ein paar kleine Tropfen vom Himmel. Nasskalt, brrr, nicht unbedingt das Top-Wetter, aber nun gut. Kurz vor dem Start machte ich mich schon mal etwas warm. Erstaunt war ich, dass es nur sehr wenige Läufer gab, die das taten. Nun ja, das muss jeder für sich wissen. Ich finde es einfach besser, wenn mein Körper schon vorher etwas warm ist und keinen Kaltstart hinlegen muss.

Der Ansager machte uns noch etwas warm und schon ging es los. 15 km lagen vor allen anderen und mir. Das Wetter zog sich zu und man konnte sehen, dass es nicht wirklich schön wird unterwegs. Nach ein paar hundert Metern ging es bereits aus Werl raus und auf die alte B1. Nun lagen, was ich an diesem Punkt nicht genau wusste, knappe 13 km geradeaus vor mir. Du weißt, dass ich geradeaus laufen nicht mag. Oder anders, ich mag es, wenn links oder rechts

Abwechslungen kommen, aber nicht, wenn nichts kommt außer Wiese, ein paar Bäume und wieder Wiese. Zumal es eigentlich nur rauf und runter ging. Schrecklich und mental heute überhaupt nicht mein Ding.

Gefühlt war ich nach knapp 6 Kilometern bereits im neuen Jahr, körperlich jedenfalls. So einen Lauf brauche ich nicht, dachte ich. Und wenn ich so denke, dann komme ich nicht wirklich aus dieser Phase wieder raus. Mental ist da nichts mehr drin, außer dass ich mich bis ins Ziel schleppe.

Es zog sich bis dahin. Immer wieder konnte ich nur noch den Berg rauf gehen. Oben sah ich dann die anderen Läufer, teilweise nur noch als farbige Punkte am Horizont. Nach einem langen Lauf über 02:01:47 kam ich als einer der letzten Läufer im Ziel an. Ich bin mal sehr ehrlich, ich war nicht darauf vorbereitet und es ist auch nicht meine Strecke. Ob ich hier nochmal einen Silvesterlauf in den kommenden Jahren mitlaufe, muss ich sehen. Im Moment sage ich mal Nein. Aber wer bis hierhin mein Buch genau gelesen hat, der kennt mich. Ich habe mit der einen oder anderen Strecke noch eine Rechnung offen. Und diese werde ich hier auch noch mal begleichen.

So, nun aber noch schnell etwas hier trinken und das muss ich Soest lassen, das Malzbier hier von der Paderborner Brauerei war extrem lecker. Danach macht mir der komplett überladene Bustransfer nach Werl zurück auch nichts mehr aus.

Nun konnte das neue Jahr kommen. Also HAPPY NEW YEAR 2019.

Das waren die Ziele:
Winterlaufserie des LSV Porz Januar bis Februar

11. Kilometer Paderborner Osterlauf.

38. Halbmarathon Berlin im April.

20. Kölner Halbmarathon (Generalprobe vor Köln)

21. Halbmarathon Köln im Oktober.

Teilnahme an den B2Run Läufen

Hinzugekommen ist noch:
Silvester Lauf Werl nach Soest

Kristallmarathon Merkers

Sonntag, 17.Februar 2019

Es gibt Läufe, bei denen ich einfach mitmachen muss. Dieser Lauf gehörte dazu. Einmal im Jahr findet im Erlebnis Bergwerk Merkers in Merker-Kieselbach, der Untertage Lauf, auch Kristalllauf genannt und vom örtlichen Verein des TV Barchfeld e.V. ausgerichtet, statt. Was diesen Lauf so besonders macht, ist die Tatsache, dass er nicht oben, sondern unten in 500 Metern Tiefe stattfindet. Ja, du liest richtig. Der Lauf findet 500 Meter unter der Erde statt. Das allein ist schon interessant genug. Jeder macht sich Gedanken über die Luft und ob es zu kalt sein könnte.

Beides ist kein Problem: Gelaufen wird in kurzen Hosen und T-Shirt bei 21 bis 28 Grad. Die Luft wird von oben ausreichend nach unten gefördert. Und selbst wenn das nicht klappen sollte, glaube ich, dass alle Teilnehmer genug zum Atmen bekommen werden. Die gesamte Streckenlänge beträgt 4,5 km (fast komplett Thüringen ist unterkellert), das sollte also ausreichen. Nur zwei Punkte müssen eingehalten werden: Zum einen muss jeder Teilnehmer einen Fahrradhelm aufsetzen und zum anderen eine

Lampe mitführen. Beides nur für den Fall der Fälle. Wir standen also hier über Tage und warteten darauf, dass es nach unten ging. Christine war normal gekleidet und durfte sich einen Helm des Besucherbergwerks aufsetzen. Ich meldete mich kurz an und bekam eine weiße, aus Textil gemachte Mütze. Daran hatte ich gar nicht gedacht, aber ich werde sie vor meinem Fahrradhelm aufsetzen, damit ich meinen Helm nicht direkt voll schwitze und keine Druckstellen am Kopf bekomme.

Wir fuhren mit dem Förderkorb nach unten und wurden dann mit umgebauten Lastwagen durch die Stollen gefahren. Drei Lastwagen rasten hintereinander her. Die Jungs kennen die Strecke und auch den Fahrer vor sich, sonst hätte das nicht geklappt. Nach gefühlten 30 Minuten waren wir in der größten Halle der gesamten Strecke angekommen. Hier werden Konzerte gespielt oder Firmenveranstaltungen abgehalten, nur um dir einen Eindruck der Größe zu vermitteln. Die Temperatur unter Tage war super angenehm. Gemeinsam suchten wir uns ein Plätzchen direkt neben der Strecke, damit Christine mich auf meinen drei Runden sehen konnte und nicht die ganze Zeit stehen musste. Sehr angenehm gemacht. Ich zog mich um und machte mich ein paar Minuten später warm für den Lauf. Es war schon ein imposantes Gefühl, hier zu laufen. Allein der Gedanke, dass über einem 500 Meter Gestein sind, ist schon beeindruckend. Trotz der Temperaturen von knapp 23 Grad empfand ich es nicht als zu warm. Interessant war, dass in der Startaufstellung keine Einteilung nach Gruppen oder anderen Kriterien vorgenommen wurde. Wir standen einfach, wo wir wollten, um loszulaufen. Du kennst mich nun schon etwas, oder? Genau, ich stand weiter hinten. Der Start erfolgte und es ging los. Die Startgerade war noch harmlos, wie ich kurz darauf feststellen durfte. Ich winkte Christine zu und lief noch ein paar Meter geradeaus. Dann, ja dann kam die erste Linkskurve. Meine Güte, ja das habe ich wirklich gedacht, was ging es nach der Kurve bergauf. Es war also ein Berg im Berg. Ich lief ihn komplett hoch. Ja, das kann ich. An manchen Stellen, wo andere bereits gehen, wie hier am Berg, ziehe ich nochmal an und laufe bis nach oben. Der Untergrund war fest und wirklich gut zu laufen. Es gab keine Fallgruben oder Löcher in der Strecke. Auch lagen keine Steine oder anderes Geröll im Weg.

Die Strecke war breit und alle Läufer hatten extrem viel Platz. Auch die Beleuchtung reichte vollkommen aus, sodass die Stirnlampe nur für den absoluten Notfall gedacht war. Ich lief und lief und lief. Es machte mir extrem viel Spaß, hier die drei Runden zu laufen. Die Strecke war angenehm. Im Ziel wurde meine Startnummer gescannt, wahrscheinlich um sicherzustellen, dass alle Läufer auch wirklich wieder im Ziel angekommen waren. Man reichte mir die Medaille und wollte sie mir um den Hals hängen. Das klappte aber nicht, da ich ja noch den Fahrradhelm aufhatte. Ha ha ha, den hatte ich schon komplett vergessen, so wenig habe ich ihn gemerkt. Ich nahm ihn ab. Die Medaille war in der Form einer Fahrkarte gehalten und passte sehr gut zu diesem Lauf. Nun brauchte ich wirklich etwas zu trinken. Man merkte schon, dass es sich um ein Salzbergwerk handelte, die Luft schmeckte danach. Christine machte die ganze Zeit Fotos und ich muss jetzt noch lachen, wenn ich daran denke, dass ich immer noch das weiße Mützchen aufhatte. Das sah schon etwas bekloppt aus. Nach dem Lauf ist vor dem Lauf und ich kann mir gut vorstellen, dass ich 2020 nochmal daran teilnehme.

United Airlines NYC Half Marathon 2019

Donnerstag, 14. März 2019

Heute, genau jetzt, wo ich diese Zeilen schreibe, sitze ich im Eurowings Airbus auf dem Weg nach New York. Wir haben eine Flughöhe von knapp 11.500 Metern und fliegen mit über 800 Kilometern pro Stunde. Ich kann gar nicht sagen, wie ich mich fühle. Etwas übermannt von dem, was gerade passiert. New York, wir sehen uns in 3 Stunden. Endlich, nach 20 Jahren, erlebe ich meinen Traum, diese Stadt, die niemals schläft, live zu erleben.

Es waren mal 248 Tage bis zum heutigen Tag. Was ist in der Zeit alles passiert? Wahnsinn, ich kann es nicht glauben. Vor knapp sechs Wochen hatte ich eine Erkältung. Meine Nase lief, ich fühlte mich manchmal überhaupt nicht gut und befand mich gerade in der Einarbeitung bei meinem neuen Arbeitgeber. Selbst als die Erkältung weg war, blieb meine Problemnase erhalten. Mein HNO fand heraus, dass es keine Schniefnase ist, sondern eine chronische Nasennebenhöhlenvereiterung inklusive der Stirnhöhle. Na sauber. Der beste Tipp war, eine

293

Nasendusche einzusetzen, das brachte schnelle Hilfe und war keine Medikamentenkeule. Ich versuchte, meinen Trainingsplan noch so weit es ging einzuhalten. Und das habe ich geschafft. Die letzten Tage vor unserem Abflugtag haben Christine und ich täglich in die Wetter-App geschaut. Sonntag sollen wir in New York 8 Grad und keinen Regen haben, ich bin gespannt. Es kamen so viele Informationen noch von den New York Road Runners bzw. interair SportReisen, dass ich schon sehr angespannt die letzten Tage war. Immer wenn ich ruhe hatte, sah ich die Strecke, die die New York Road Runners via E-Mail-Link geschickt haben.

Wahnsinn, überhaupt nicht meine Strecke. Na, weißt du es schon?

Ja, die Strecke geht extrem geradeaus. Aber ich glaube, die Stimmung an der Strecke wird mich mental so nach vorne bringen, dass ich es schaffe. Ja, das sage ich jetzt hier bereits im Flieger. Als ich mit diesem Abschnitt angefangen habe, konnte ich kurzfristig nichts mehr sehen. Da waren mir doch glatt ein paar Tränen in die Augen geschossen, sag das aber jetzt nicht weiter. Wehe dir. Spaß, ich stehe dazu, mein Traum fängt hier massiv an zu laufen. Ich bin gespannt, sehr gespannt auf meinen ersten

Warm-up-Lauf, der morgen früh um 07:00 Uhr ab dem Hotel beginnt. interair SportReisen holt uns, also die, die Lust haben, am Hotel ab und wir laufen eine circa 5 km Runde im Central Park.

HALLO, ich laufe morgen im CENTRAL PARK. Ist das nicht cool?

So, und nun schaue ich aus dem Fenster und erwarte die Skyline von New York.

Stunden können wirklich wie Tage sein, so kam es mir vor bis zur Landung. Als wir unsere Reiseflughöhe verließen und durch die Wolken stießen, war unter uns die Landschaft noch sehr weiß an vielen Stellen. Oh weh, wenn wir in New York auch so ein Wetter haben, wird der Lauf ja richtig kalt. Je weiter wir flogen, desto besser wurde die Landschaft. Jedenfalls nicht mehr weiß. Wir flogen nicht zum Flughafen JFK, sondern nach Newark. Wir saßen im Flieger auf der rechten Seite und hatten Glück. Uns bot sich ein atemberaubender Anblick der gesamten New Yorker Skyline Wahnsinn. Blauer Himmel, nichts mehr von Eis und Schnee zu sehen. Es war traumhaft, endlich sah ich New York live. Wir landeten extrem sanft und wurden direkt an den Terminal geleitet. Prima, dann sind wir schneller im Gebäude und durch den Zoll und noch schneller im Hotel.

New York, wir kommen. So dachte ich da noch. Tja, ich hatte meine Gedanken ohne die Einwanderungsbehörden der USA gemacht. Menschenschlangen ohne Ende. Sicher, alles extrem gut geordnet, aber halt eine lange Schlange. Langsam, sehr langsam kamen wir vorwärts. Vor der letzten Kurve wurden wir dann mit ein paar anderen auf die andere Seite der Halle geschickt. Dort waren weitere Schalter, die komplett frei waren. Prima, dachte ich noch, jetzt läuft es für uns endlich. Wieder hatte ich meine Rechnung ohne den USA-Zoll gemacht. Wir wurden zwei Sekunden, bevor wir an einem Schalter dran gewesen wären, an einen anderen Schalter verwiesen. Herr Wong übernahm uns. Christine und ich hatten beide eine Einreisekarte ausgefüllt. Das war schon mal falsch. Schließlich waren wir zusammen über ESTA angemeldet. Kein Problem, Herr Wong änderte es ab und schmiss eine Karte weg. Christine wurde als erstes abgefertigt. Fingerabdrücke von beiden Händen, ein Foto, ein paar Fragen und schon war der Stempel im Reisepass.

Nun kam ich dran. Also Fingerabdrücke, nur der rechten Hand. Bei der linken Hand war der PC oder das Programm kaputt. Herr Wong ging erstmal gemütlich aus seiner Box und wir standen wartend davor.Ein paar Minuten später, Herr Wong hatte uns an einen anderen Kollegen weitergegeben, waren auch meine Fingerabdrücke im System. So, wir durften weitergehen. Mir fiel kurz darauf auf, dass ich keinen Stempel in meinen Reisepass bekommen habe. Also wieder zurück, Stempel holen. Wieder ein Hin und Her. Einer würde reichen für uns, sagte der jüngere Zollbeamte. Ich hatte, so glaube ich, extreme Fragezeichen in den Augen. Herr Wong, der wohl nur seinen PC an uns testen wollte, klärte seinen Kollegen auf. Ich bekam auch meinen Stempel. Warum ich dir das alles erzähle? Warte mal diese gesamte Geschichte um New York, meine Traumstadt, ab, dann wirst du es sicher verstehen. Langweilig war es nicht, so viel verrate ich jetzt schon mal. Wir gingen also nach dem längeren Einreiseaufenthalt unsere Koffer am Band abholen. Prima, die standen bereit. So, nun noch weiter zum Ausgang und ab zur Reisegruppe. Apropos Ausgang, also Exit, wo ist das hier? Kein Schild, also wieder fragen. Okay, wir waren einmal, wie sollte es anders sein, in die falsche Richtung gelaufen. Endlich draußen, hey, da war ja eine Fahne unseres Reiseveranstalters interair SportReisen. Prima, wir waren die letzten. Samantha begrüßte uns mit Florian lieb und es sollte gleich für die circa 10

Personen inklusive uns zum Hotel weitergehen. Das Super Taxi wäre in ein paar Minuten da. Was nicht kam, war das Taxi für uns alle. Man konnte den beiden interair-Mitarbeitern ansehen, wie unangenehm es gerade für sie war. Alle waren aber total entspannt, so wie wir auch. Knapp eine Dreiviertelstunde später war der SuperTaxi-Fahrer da. Alle rein in den Kleinbus und ab in den Stau. Wir hatten vom Flughafen aus Stau. New York halt im Berufsverkehr. Von New Jersey nach New York mitten durch den Lincoln-Tunnel. Es war schon ein Erlebnis, hier zu sein, um diese Uhrzeit und das geordnete Chaos zu sehen.

Wieder dauerte es knapp eine Stunde, bis wir endlich im Hotel waren. Mann, Mann, Mann, was geht denn noch alles schief? Erstaunlicherweise ging alles im Hotel gut und wir waren in 5 Minuten in der 8. Etage, wo wir für die kommende Woche unser Zimmer hatten. Koffer abgestellt und erstmal mitten rein nach New York, schließlich hatten wir beide Hunger.

Freitag, 15. März 2019

Um 07:00 Uhr stand ich wie einige andere Läufer in der Hotellobby und wir liefen mit Samantha und Florian Richtung Central Park. Die

Luft war kühl und es hatte genau in dem Moment, als wir rausgingen, leicht angefangen zu nieseln. Egal. Ich laufe gerade in New York und gleich im Central Park, der grünen Lunge der Stadt. Am Columbus Drive trafen wir auf die zweite Gruppe von Läufern aus dem anderen Hotel.

Diese Gruppe wurde von Achim angeführt. Der Nieselregen hatte aufgehört und wir liefen in den Park ein. Das Tempo war für mich schon etwas schnell, aber da Samantha ebenfalls nicht so schnell lief, war das kein Problem. Zweitens bin ich schon groß und hätte das Hotel auch so wiedergefunden. Wir machten hier und da mal einen Stopp für Fotos. Alles in allem war es eine wirklich schöne, wenn auch schnelle und anspruchsvolle Runde für mich, aber alles war gut. Morgen, am Samstag, sollte wieder um 07:00 Uhr eine Runde gelaufen werden, natürlich nur wer will. Ich wollte am Samstag, also einen Tag vor dem Halbmarathon, nicht mehr laufen. Mit dieser Meinung war ich nicht alleine, wie ich schnell feststellte. So, nun Duschen und um 10:00 Uhr zur Treffpunkt-Bar. Hier sollten wir alle Informationen erhalten, was den Ablauf am Sonntag angeht. Danach, wer will, gemeinsames Abholen der Startunterlagen auf der Marathon-Messe. Der Ablauf für Sonntag für alle Läufer war einfach. Der Bus fährt um 05:30 Uhr ab unserem Hotel los. Ja, du hast richtig gehört, Abfahrt 05:30 Uhr, also aufstehen 04:45 Uhr. Unsere Begleitung konnte es etwas gemütlicher angehen lassen. Da ging es um 07:30 Uhr los. Das Gehen war da auch wörtlich zu sehen, denn sie mussten zum Central Park. Der lag zu Fuß nur knapp 15 Minuten weit weg. Also alles im grünen Bereich.

Mein Start war in der 5. Welle um 08:45 Uhr, also knapp 2 Stunden nach der Ankunft am Startpunkt.

Wir machten uns nun alle gemeinsam auf den Weg zur Marathon-Messe. 19 Blocks lagen vor uns, von jedem Block zum nächsten benötigt man laut Achim circa eine Minute. Also würden wir so um die 20 Minuten benötigen. Auf ging's. Auf der Messe war im Gegensatz zu den Messen in Berlin oder Köln nicht wirklich viel los. Wir hatten aber auch Freitagmittag und nicht Samstag. Die Startnummer hatte ich sehr schnell erhalten, nun ging es noch zum Shoppen in den nächsten Bereich der Halle. Ja, ich musste mir hier etwas kaufen. Schon alleine als Andenken an den Lauf. Nur das Funktionsshirt wäre mir hier einfach zu wenig. Nach sehr kurzer Zeit hatte ich eine Mütze für den Winter, eine Cap und eine Jacke in der Hand. Damit wollte ich gerade zur

Kasse, als Christine mit einem Pullover sich neben mich gesellte. Warum sollte sie auch kein Andenken mitnehmen? Schließlich steht sie am Sonntag auch an der Strecke. Auch Fans benötigen Andenken, oder?

Beeindruckend fand ich eine Wand, auf der alle Namen der Teilnehmer standen. Wow, das hatte ich noch nicht gesehen. Es hat schon etwas gedauert, bis ich mich gefunden hatte. Das war wirklich toll. Auf einer Marathon-Messe hatte ich noch nie so viele Fotos gemacht wie hier. Dabei war die Halle gar nicht so groß, nur sehr cool aufgebaut. Nachdem alle ihre Startnummern, Fotos oder auch die Shoppingtour beendet hatten, ging jeder seiner Wege. Wir gingen von hier zum Ground Zero und schauten uns bei knapp 22 Grad die Gedenkstätte an. Ich habe mich nicht vertippt, wir hatten wirklich 22 Grad im März.

Super tolles Wetter für den Lauf am Sonntag.

Sonntag, 17. März 2019

Eigentlich hatte ich ja geplant, um 04:45 Uhr aufzustehen. Klappte nicht. Ich war bereits um 04:00 Uhr wach und lag lesend im Bett. Okay, dachte ich, ich kann daran nichts ändern. Als mein Wecker schellte, stand ich schon fast fertig angezogen im Zimmer. Es dauerte nicht mehr lange, dann ging es los. Wahnsinn, so lange habe ich auf diesen Moment gewartet, nun war er fast da.

Um 05:15 Uhr verabschiedete ich mich mit einem Küsschen von Christine, die noch etwas schlafen durfte. Bei ihr ging es ja erst um 07:30 Uhr los. Als ich durch das Treppenhaus lief, war keiner zu sehen. Aber unten in der Lobby war es voll. Unsere Reisegruppe in der kompletten Größe, geschätzt 50 Personen. Wir bekamen noch kurz Informationen zum weiteren Ablauf und schon ging es zu den Bussen. Eine Laufgruppe sollte in den zweiten Bus einsteigen, alle anderen in den ersten. Einsteigen und Abfahrt waren fast ein Moment für mich, so schnell ging das gerade. Unglaublich, wie wenig Verkehr um diese Zeit auf den Straßen von New York war. Eine halbe Stunde später waren wir am Prospect Park angekommen. Alle raus und ab zum Start. Die

Sicherheitskontrollen waren schon extrem. Absolut mehr als in Berlin, Hamburg oder Köln. Wohin ich auch schaute, überall sah ich Polizei, und das war in den deutschen Städten nicht der Fall. Sicherer ging es nicht.

Für die Wellen 3 bis 5, also auch meine Welle, war hier ein wahnsinnig großes Gelände vorhanden. Die ersten beiden Wellen hatten einen anderen Startbereich als wir. Toiletten so weit das Auge reichte. Was mir auffiel, die Amerikaner standen anders geordnet an als bei uns. Bei uns standen wir alle vor einer Toilette. Hier nicht, hier stand die Schlange vor einer Tür, aber die jeweils zwei Toiletten links und rechts gehörten ebenfalls der gleichen Schlange. Was es alles gibt. Nachdem ich auch in einer solchen Schlange gestanden hatte, kann ich sagen, dass diese Art anzustehen einfach besser ist und auch schneller geht.

Noch hatte ich knapp zwei Stunden bis zum Start. Es war kalt, gerade einmal 2 Grad. Also richtig kalt. Ich besorgte mir eine Folie, die von innen mit Silberpapier ausgestattet war. Das wärmte zum Glück. Die Sonne kam raus und ich konnte merken, wie es immer wärmer wurde. Meinen Beutel hatte ich bereits abgegeben und schaute mich weiter um. Die Atmosphäre vor dem Start war aufregend schön. Die Wellen 3 und 4 waren gerade gestartet und ich kam dem Moment, den ich seit fast einem Dreivierteljahr anpeilte, näher. Meinen Start beim New York Halbmarathon 2019. Unglaublich, oder? Ich fand es so schön, es geschafft zu haben. Nicht nur finanziell war es eine Leistung. Mein Körper hatte nun wirklich auch mitgespielt. Fersensporn ade und der hatte mich echt lange begleitet. Dann im Oktober 2018 mein Bandscheibenvorfall. Mann, da hatte ich gedacht, das war es nun mit der gebuchten Reise hier zum Halbmarathon nach New York. Aber, und da kann ich mich wirklich nur meinem Doktor für alles danken, hatte ich keine Probleme mehr. Daran geglaubt hatte ich so wirklich nicht. Aber das war nun alles nicht mehr wichtig. Ich war hier, hier im Prospect Park in New York und hatte nur noch ein paar Minuten bis zum Start. Mir kullerten ein paar Tränen die Wange runter. Ja, und dazu stehe ich. Genauso wie ich zu den Tränen am Memorial der World Trade Center stehe. Mein Ziel war es, bevor ich dreißig Jahre alt bin, hier in New York zu sein und mir diese Stadt anzusehen. Nun war ich mit knapp fünfzig Jahren hier und konnte zwei Träume gleichzeitig verbinden. DAS sind schon Emotionen, die einen da treffen. Die Sprecher zählten den Countdown: 10 - 9 - 8 - 7 - 6 - 5 - 4 - 3 - 2 - 1 und abging es. Jedenfalls vorne am Start.

Bei mir noch nicht. Ich stand hinten mit vielen anderen Läufern und wartete auf den langsamen Trab nach vorne zur Startlinie. Langsam fing es an zu laufen. Wir wurden immer schneller und schon war ich kurz vor der Startlinie im Trab. Kurz noch meine Uhr gestartet und abging es. Es war schon komisch, in diesem Moment daran zu denken, dass gleich, in circa 2 bis 3 Stunden, alles vorbei ist. Aber so war es. Genau diese Gedanken gingen mir durch den Kopf. Nein, nicht sehr lange, nur ein kleiner Augenblick und schon war er weg, der Moment des Denkens.

Was jetzt kam, ist an Emotionen gar nicht mehr zu beschreiben.
Lass mich versuchen, es dir zu erklären.

Wir liefen in einer sehr harmonischen Gruppe, alle in fast der gleichen Geschwindigkeit und, was wichtig war, jeder hatte ausreichend Platz um sich herum. Es ging bergab, lange noch durch die Parkanlage. Wunderschön, das Ganze beim Sonnenaufgang zu durchlaufen. Die Kälte war nicht mehr vorhanden, mir war warm genug vom Laufen. Auch dass ich nur relativ wenig anhatte, war gerade überhaupt kein Nachteil. Ein Unterhemd, ein langes Shirt und ein T-Shirt drüber, mehr nicht. Okay, Mütze und Handschuhe hatte ich noch an. Aber ohne, nee, das wäre mir doch zu kalt an den Händen und am Kopf gewesen. Also nach dem Park liefen wir schon den ersten Bogen, danach die erste lange Straße hinunter zur Manhattan Bridge. Links und rechts an jeder Straßenecke standen Polizisten in ihren Einsatzfahrzeugen und bei ganz breiten Straßen standen die extrem großen Müllwagen der Stadt New York und machten die Straßen dicht. Cool waren die Polizisten, einige von ihnen spielten über die Außenlautsprecher die Titelmusik von Rocky „Eye of the Tiger" oder Techno-Musik. Dabei gingen die Jungs echt ab. Wir, die Läufer, dankten es mit Klatschen oder Tanzen. Auf der Manhattan Bridge musste ich einfach stehenbleiben und Fotos von der Aussicht machen. Hier, genau an diesen Punkt, komme ich ohne Auto so schnell nicht wieder hin. Die Zeit für diesen Halbmarathon war mir egal, ich wollte ihn und diese Stadt genießen beim Laufen, und das tat ich. Weiter ging es Richtung Chinatown. In Chinatown machte das Publikum am Straßenrand Musik und feuerte uns an. Es wurde immer heller und auch wärmer. Nun lag ein langes, fast gerades Stück Strecke vor mir: der Lauf über den Highway Richtung New York City. Hatte ich dir schon gesagt, dass ich lange geradeaus Strecken hasse? Ja, oder? Ja, ich weiß, dass ich es bereits mehrfach geschrieben habe, aber daran siehst du, dass ich es wirklich nicht mag. Auch hier nicht in New York. Diese Strecke zog sich, aber ich lief und lief und zog das Tempo (mein Tempo) nochmal an. Rechts auf der anderen Seite fuhren ganz normal die New Yorker auswärts, wir liefen am East River Richtung Times Square.

Acht Meilen lagen hinter mir, 13,1 Meilen (ca. 21 km) sind es gesamt. Über die Hälfte war also rum. Die Ausfahrt zu den Häuserschluchten lag wie der Mount Everest vor mir. Also hoch, hoch und schon war ich die letzten Meter nur noch im Geh-Tempo unterwegs. Die Luft in den Beinen war raus. Okay, wieder antreten, das kann ich. Dann lagen die ersten Straßen mit den Häuserschluchten vor mir. Super beeindruckend der Anblick, auch mit dem Hintergrund, dass es noch ein ganzes Stück bis ins Ziel ist. Fünf Meilen können echt lang sein und acht Meilen echt wenig. Warum das so ist? Na, die ersten Meilen ging es hinunter und nun ging es die letzten rauf und runter. Dafür aber mit reichlich Unterstützung der New Yorker. Musiker, Menschen, die uns Beine machen. Kinder, die Schilder hielten und uns mit den bekannten Zeichen Kraft geben wollten. Rechts rum, links rum und dann den Times Square entlang. Ich machte hier und da Fotos. Wir hatten einen komplett blauen Himmel und bestes Wetter für tolle Fotos. Gut, dass ich welche gemacht habe und gut, dass ich mir diese Zeit dafür genommen habe. Am Times Square sah ich auf der linken Seite, neben allen anderen Figuren wie Superman, Elmo, Minnie Maus, die dort sonst so herumlaufen, ein Cookie Monster. Immer wenn Chrinstine und ich an diesen Punkten spazieren waren, gab es alle anderen Figuren, aber kein Cookie Monster. Nun war es da und ich durch ein Gitter geschützt am Laufen. Na toll. Ich blieb

stehen. "Cookie Monster, Cookie Monster",
brüllte ich in die Richtung. Elmo drehte sich um
und schaute in meine Richtung. Zum Glück
begriff dieser im Elmo-Kostüm sofort, was ich
suchte und auch wollte, und gab Cookie Monster
ein Zeichen. Gefühlt dauerte es super lange, bis
Cookie Monster bei mir, getrennt durch ein
hüfthohes Gitter, stand.

Mit meinem Handy machte ich ein wirklich
schönes Foto von uns beiden und ehe ich mich
versah, hatte ich direkt Minnie Maus und Co.
auch neben mir stehen. Egal, ich gab Cookie fünf
Dollar, die ich in der Tasche hatte, und wollte

mich gerade verabschieden, da hielten die anderen Figuren die Hand auf. Mehr als die fünf Dollar lehnte ich ab und lief weiter. Die letzten Meilen lagen vor mir, noch knappe zehn Blocks, dann rechts um die Kurve und am Wartepunkt der interair SportReisen-Gruppe vorbei. Auf der Geraden winkte ich, damit die Gruppe mich sah und Sam von interair Fotos von mir machen konnte.

Mir ging es gut und ich lief sogar noch schneller als vorher an der Gruppe und Christine vorbei. Nächste links, ab ging es in den Central Park. Schlagartig wurde es ruhig. Wahnsinn, wie hier die Welten der Großstadt und die Ruhe im Park sich ablösten. Wer nun glaubt, jetzt bin ich im Park und es geht gleich nur noch gerade durchs Ziel, der irrt sich gewaltig. Es ging rauf und runter im Park. Eigentlich nicht schlimm, wenn man nicht schon zwölf Meilen hinter sich hatte. Ich hatte diese und musste mal ein bisschen gehen. Egal, so konnte ich die letzten Meter noch genießen und in mich aufnehmen. Das werde ich so schnell nicht vergessen. Wenn das überhaupt geht. Ich glaube, es wird mich weiter begleiten in den nächsten Jahren.Das Ziel lag vor mir, ja, ich hatte es geschafft und sogar besser als ich es mir gedacht habe. Tolles Gefühl, durch das Zieltor des United Airlines NYC Half Marathon 2019 der New York Road Runners gelaufen zu sein. Die Fotografen machten ihren Job und ich riss beide Arme nach oben. Ziel, yes, ich war da. Uhr gestoppt und langsam weiter Richtung Medaillenausgabe und was sonst noch so kommen müsste. Links sah ich einen sehr netten Support-Mitarbeiter des Veranstalters und bat diesen, ein Foto von mir zu machen. Kein Problem für ihn und auch das sollte sich noch als gut herausstellen. So, nun weiter. Weiter? Vor mir ging es nach ein paar Metern nicht mehr weiter. Wir wurden gestoppt und mussten warten. Wir, das waren circa 200 andere Läufer. Ah, ich konnte sehen, dass an den Ständern für die Medaillen keine mehr hingen. Kein Ding, dachte ich noch, der Nachschub wird geholt und wir bekommen gleich unsere hart erlaufene und verdiente Finisher-Medaille. Wir standen und standen. Durch die aktuelle Temperatur von knapp vier bis fünf Grad wurde mir langsam echt kalt. Dann schob sich von vorne eine Dame auf mich zu und bat mich, den Medical-Abriss mit meiner Startnummer darauf ihr zu geben. Warum? Keine Antwort. Danach wurde ich mit den anderen einfach an den Ständen, wo normalerweise die Medaillen nach dem Lauf auf einen warten, vorbeigeschoben. Das Gefühl hat sich verewigt. Unfassbar niedergeschlagen und stinksauer auf die New York Road Runners ging ich weiter durch den Park.

Ich merkte nicht, dass mir kalt war, ich sah auch keine Helfer, die mir wahrscheinlich Folien reichen wollten. Wie gesagt, ich war sauer ohne Ende. Wochenlang vor dem Event werden bereits die Anmeldungen geschlossen. Sicherlich auch, um die Anzahl der Folien, Helfer inklusive der Versorgungsmengen an Wasser, ISO-Gels und auch der Medaillen genau zu haben. Und nun das hier. Nachdem ich durch den Park war, holte ich meinen Kleiderbeutel ab und ging die letzten Schritte Richtung Christine.

Ich glaube, sie konnte mir bereits von weitem ansehen, dass etwas nicht stimmte, auch wenn ich ein Lachen im Gesicht hatte.

Christine fragte mich, wie es war, und ich sprach erstmal von meinem bisher emotionalsten Lauf. Ja, der Lauf war wahnsinnig schön und einfach ein Traum. Dann erzählte ich ihr, dass es am Ziel keine Medaille mehr gab für circa 200 Läufer und auch keine für mich. In diesem Moment kam Achim auf uns zu. Er gratulierte mir zum Lauf und fragte, wie es für mich war. Bevor ich wirklich etwas sagen konnte, übernahm bereits Christine das Thema und sagte ihm, dass es keine Medaille im Ziel für mich und viele andere mehr gegeben hat. Achim war augenblicklich sprachlos und brauchte auch ein paar Sekunden, um etwas zu erwidern. Er selbst konnte es nicht glauben und versprach mir, sich sofort darum zu kümmern. Das tat ihm wirklich sehr leid, man konnte es sehen. Der schnelle Wechsel meiner Laufbekleidung, die komplett nass war, stand noch an und ich merkte direkt, wie gut das tat. Dann machten Christine und ich uns auf den Weg zurück zum Hotel. Mann, war mir kalt. Das Hotelzimmer hatte eine Badewanne und nicht nur eine Dusche. Eins muss man sagen, die Wasserversorgung im achten Stock war klasse. Nicht nur kam direkt warmes Wasser aus der Leitung, nein, es war auch Express-Befüllung der Wanne. So schnell hätte ich das gerne mal bei uns zu Hause in Deutschland. Da waren uns die USA um Längen voraus. Innerhalb von fünf

Minuten lag ich also in der Wanne und wärmte mich auf. Da klingelte unser Telefon im Zimmer und Achim fragte Christine, in welchem Stock wir wohnten und in welchem Zimmer. Keine drei Minuten später stand Achim vor der Tür und wollte mir die Medaille persönlich um den Hals hängen. Ha ha, ich lag in der Wanne und das wollte er dann doch nicht. Christine übernahm die Medaille und legte sie mir an die Wanne. Ob du es nun glaubst oder nicht, ich habe die Medaille erst am Abflugtag um den Hals gehängt. Bis dahin lag sie im Safe des Hotelzimmers. Mir wurde beim Zieleinlauf ein Moment genommen, den kann man nicht nachstellen oder nachholen, das geht einfach nicht. Trotzdem ist es ein so super Erlebnis gewesen, hier in New York den Halbmarathon zu bestreiten. Vom Start des Traumes in meinem Kopf über die Planung, wie buche ich es am besten und wenn über welchen Anbieter, bis hier zum Zieleinlauf. Die langen Phasen dazwischen mit Trainingsläufen, Krankheiten wie mein Bandscheibenvorfall, wo ich dachte, das war es nun mit meinem Traum hier zu laufen. Unbeschreiblich, was mir durch den Kopf ging, nicht nur jetzt, auch immer wieder während des fast ganzen Jahres. Alles geschafft, was ich mir als Ziel gesetzt hatte. Der Lauf war Geschichte, meine Geschichte.

Mein Dank an dieser Stelle geht ganz klar an das gesamte Team von interair SportReisen für das Erlebnis, das ich mein Leben lang nicht vergessen werde.

Abends gingen die meisten noch mit dem Team von interair in ein Lokal. Dort lernten wir unsere Mitreisenden Heiko und Katja kennen. Beide wohnen nur circa 40 Kilometer von uns weg, so das es gut sein konnte, das wir uns nach New York noch mal treffen würden. Nach den Bestellungen des Essens kam der Präsident von den New York Road Runners und entschuldigte sich bei uns dafür, das wir im Ziel vielleicht keine Medaille erhalten hatten. Es war ihm sehr peinlich, da am Ziel eine ausreichende Anzahl vorlag. Nur wie es immer sein kann, der, der es wusste, war nicht da, als es die Medaille ausgingen. Also genau da als ich wie viele andere ins Ziel kamen. Er hatte für den Fall der Fälle noch eine große Anzahl dabei, sollten noch welche fehlen. Ich hatte mich schon lange wieder beruhigt, auch wenn es sicher immer in meinem Kopf sein wird und ich es auch nicht vergessen werde. Es macht diesen Lauf eigentlich sogar noch einzigartiger, dadurch, das ich keine Medaille im Ziel direkt erhalten habe. Es war etwas Besonderes. Auch finde ich es gut, das sich der Eventveranstalter dafür bei uns entschuldigte. Ja die Enttäuschung war gewaltig, die ganze Geschichte bleibt direkt im Kopf. Heute mit einem breiten grinsen. Aber zurück zum Essen. Christine, Katja, Heiko und ich feierten unseren Erfolg. Heiko seine Zeit, Christine und Katja das Sie trotz der Kälte durchgehalten haben und ich sowieso, das alles geklappt hat. Legendär war der Bierpreis, der lag bei 8 Dollar pro Flasche. Also immer schön langsam. Na ja oder auch nicht, schließlich waren wir alle im Sieger. Es war eine schöne Gemeinsamkeit, die wir alle hatten. Der Abend ging langsam vorbei und für Heiko und Katja war morgen bereits der letzte Tag in New York.

Christine und ich blieben noch bis zum nächsten Donnerstag in der Stadt, die niemals schläft, und schauten uns einige Sehenswürdigkeiten an. Vergessen werde ich das Ganze, glaube ich, nie. Selbst nach Jahren, so hoffe ich, werde ich diesen Lauf in Gedanken immer wieder durchlaufen können. Im Film Free to Run sagte die Sprecherin bereits einen für mich sehr zutreffenden Satz: „Ich habe verstanden. Wir wollen alle einmal auf der Bühne stehen, nicht jeder kann ein Champion sein, ein Olympia-Athlet, ein Schauspieler auf einer

Broadway-Bühne, aber an einem Tag steigst du auf deine eigene Bühne, 42,2 Kilometer durch die Kraft deiner zwei Beine."

Meine Bühne war der Halbmarathon
21,0975 Kilometern.
Vielleicht laufe ich diesen New York Halbmarathon nochmal, ich hätte Spaß daran.

39. Generali Berliner Halbmarathon 2019

Sonntag, 07. April 2019

Heute wollen Alex und ich den Berliner Halbmarathon gemeinsam laufen. Wir erreichten Berlin bereits am Samstag und ließen uns von dem traumhaften Sommerwetter verzaubern ist schon komisch, dass ich seit 2016 hier teilnehme und noch nie schlechtes Wetter hatte. Danke, Berlin. Wir machten uns morgens auf den Weg von unserer Unterkunft zum Start am Brandenburger Tor. Knappe 3 Kilometer, die wir aber lieber mit der U-Bahn hinter uns ließen.

Um vor dem Start nicht zu frieren, hatten wir beide alte Pullover an. Am Start war uns bereits so warm, dass wir diese einfach mal entsorgten. Besser so, als erst zu frieren, oder? Ähm, sorry, wir waren am Brandenburger Tor, aber noch lange nicht in der Startaufstellung. Bis dahin war es eine halbe Berlin Reise. Sicherlich muss man vieles absichern und auch durchdenken. Nur hier war der Weg einfach zu lang. Die Kontrollen gingen dafür schnell und wir standen nach nochmals 10 Minuten endlich in der Startaufstellung. Vom Brandenburger Tor aus haben wir bis hierhin knapp 40 Minuten benötigt. Unglaublich, oder? Die Temperaturen nahmen weiter zu. Wir standen zwischen dem Brandenburger Tor und der Siegessäule. Wenn du die Stelle kennst, dann weißt du, dass es hier einfach keinen Schattenplatz gab. Gegen 10:00 Uhr wurde es langsam aber sicher voll in unserer Gruppenbox. Wir hörten, wie die ersten Läufer, inkl. Ballons, die in die Luft gingen, starteten. Mensch, endlich sollte es losgehen. Wenn wir gewusst hätten, dass es so warm wird, dann hätte ich lieber was zu trinken mitgenommen und keinen Pullover. Nun gut, das konnte keiner ahnen. Unser Start kam und wir liefen gemeinsam, noch nebeneinander, in den Kreis an der Siegessäule. Hey, hier waren ja unsere Mädels und feuerten uns an. Nadine hatte eine Extra-Power-Tafel gebaut und wir klopften mal beide darauf. Noch liefen Alex und ich nebeneinander. Dann zog Alex an, sagte kurz tschüss und weg war er. Wow, aber zwischen uns liegen knappe 23 Jahre. Ich lief weiter und es dauerte keine 10 Minuten, da kam Alex von hinten. Ihm war die Startnummer oben lose geworden und er musste diese erstmal neu befestigen. Und schon war er wieder weg. Mann, war das warm. In New York hatten wir nach knapp 3 Kilometern einen Verpflegungsstand, hier in Berlin kam der erste nach 5 Kilometern. Und das bei diesem Wetter.

Wir hatten alle keinen Schatten auf der Strecke. Es war extrem anstrengend und ich lief das erste Mal ohne eigene Flüssigkeitsverpflegung. Das passiert mir auch nicht noch einmal, dachte ich. Es brachte mich aber nicht weiter. Nicht nur ich, auch die anderen Läufer versuchten, wenn es nach Schatten aussah auf dem Asphalt, dort zu laufen. Viele Punkte machten aber nur Schatten auf den Füßen und nicht auf dem gesamten Körper. Auch die ersten 5 Kilometer gingen rum, der Verpflegungsstand lag vor mir. Es war eine Wohltat, endlich etwas Flüssigkeit zu bekommen. Ich trank zweimal Wasser und ein ISO-Getränk einfach so mal eben weg. Zusätzlich kippte ich mir noch zwei Wasserbecher über den Kopf. Das hatte ich noch nie gemacht. Daran kannst du sehen, wie warm es schon jetzt Anfang April 2019 hier in Berlin war. Auf zu den nächsten 5 Kilometern, zum nächsten Wasserstand. Es wurde nicht besser, aber auch nicht schlechter. Ich lief und suchte immer wieder Schatten. Schatten, den es eigentlich in den Häuserschluchten von Berlin nicht gab. Wir hatten 23 Grad und das ist für die Jahreszeit nicht normal. Ich schleppte mich von Kilometer zu Kilometer. Dann kam ich endlich in den Bereich des Zieleinlaufes am Brandenburger Tor. Ich sah meine drei Damen auf der linken Seite. Übersehen hätte ich sie auch nicht, so laut haben sie gerufen. Zusätzlich hielt Nadine immer noch das Powerschild hoch. Das Schild hatte extrem gelitten, oben war es defekt und ich nahm einfach ein Stück mit. Nadine stand da mit offenem Mund und konnte gar nichts so schnell sagen, so sehr habe ich sie damit überrascht. Das Stück gab ich kurz darauf einer anderen Frau an der Strecke in die Hand. Auch sie wunderte sich darüber, aber ich war einfach für beide zu schnell im Handeln. Herrlich, wie man Menschen überraschen kann.

Das Ziel lag mit knapp 200 Metern vor mir. Endlich war ich da. Mir war warm, aber ich zog noch einmal kurz das Tempo an, wenigstens für das Zielfoto sollte es so aussehen, als ob ich gelaufen bin wie der Teufel. Zieleinlauf Berlin 2019. Nach dem Ziel erhielt ich meine Medaille und nicht wie in New York keine. Sorry, New York Road Runners, aber das müsst ihr euch nun gefallen lassen, bis ich wieder bei euch laufe. Ich rief Alex per Handy an. Er teilte mir mit, dass er fast bei mir stand und ich drehte mich etwas um die eigene Achse, da stand er. Wir tranken noch was und machten uns auf den Weg zurück zu den anderen. Alles in allem war es ein super toller Lauf. Ich hatte Spaß nach dem Lauf, bin stolz darauf, ins Ziel gekommen zu sein und auch, dass Alex es wirklich gewagt hat, hier mitzulaufen.

So, nun noch ein Bier mit Alkohol und was essen. Danach zurück in unser Quartier zum Duschen und Berlin genießen. Berlin, Alex und ich kommen 2020 zum 40. Halbmarathon wieder. Alles schon jetzt Ende April 2019 gebucht und beschlossen.

VIVAWest Marathon 2019

Sonntag, 19. Mai 2019

Zwei Tage nach meinem 50. Geburtstag und einen Tag nach dem 80. Geburtstag meines Papas stand der Halbmarathon in Gelsenkirchen an. Diesmal sogar nicht alleine, sondern mit Daniel zusammen. Mehr durch Zufall waren wir beide zusammengekommen. Ich hatte bei Facebook gesehen, dass Daniel, den ich von meiner Christine her kannte, als Geher unterwegs war. Er ging die Halbmarathon-Distanz und das sogar in einer extrem guten Zeit. Wir machten uns also zusammen auf nach Gelsenkirchen und standen im Startbereich zusammen. Es war das beste Wetter für einen Lauf, nicht zu warm, trocken und die Sonne kam langsam raus. Klasse Wetter also. Durch einen Metallzaun war der Zieleinlauf von uns im Startbereich abgeteilt. Wir schauten uns die Läufer an, die gerade den 10-Kilometerlauf hinter sich gebracht hatten. Da entdeckte ich Heiko. Heiko fiel mir direkt auf, das T-Shirt vom New York Halbmarathon war einfach ein Blickfang. Schade, dass ich es mir nicht auch mitgenommen habe. Aber man muss auch gönnen können, oder? Als Heiko durchs Ziel war, versuchte ich, ihn übers Handy anzurufen. Leider sah ich, dass er nicht darauf reagierte. Ich rief so laut ich konnte und es klappte tatsächlich. Mann, das war schön, ihn hier wiederzutreffen. Lange hatten wir keine Zeit, unser Lauf sollte gleich starten und Heiko wollte sich mit Katja treffen. Aber wir verabredeten, dass wir uns bald mal wieder sehen.

Wir gingen uns warm machend in Richtung Start. Schön aufgewärmt ging es los. Daniel startete hinter mir. Leider musste ich einen kleinen Stopp an einem netten Kunststoffhaus einlegen. Als ich aus dem Toilettenhaus wieder rauskam, sah ich Daniel vor mir. Ich gebe zu, dass ich keine Chance hatte, ihn einzuholen. Ich war schon überrascht, wie viele Anstiege auf der Halbmarathonstrecke hier im Ruhrgebiet waren. Ohne mein Tempo zu drosseln, gelangte ich nach einer Weile zur Zeche Zollverein. Ab hier war fast die Hälfte der Strecke rum. Kilometer 11 lag hinter mir, als ich rechts merkte, wie meine Wade zumachte.

Ehrlich gesagt, ich war vollkommen am Ende Ich humpelte zwar sehr, sehr langsam weiter, aber mit extremen Schmerzen in der Wade. Na toll. Nach knapp zwei Kilometern Humpeln ging der Schmerz in einen leichteren Schmerz über. Ich versuchte es nochmal und lief langsam an. Es ging. Bis Kilometer 18 war es fast wieder okay, tja und dann kam der Mann mit dem Wadenhammer vorbei. Wahnsinn, die Wade machte von jetzt auf gleich wieder komplett zu. Ich überlegte beim sehr langsamen Nach-vorne-Schieben (gehen war das nicht), ob ich mich in die Hände der Sanitäter begeben sollte oder aber weiterlaufen sollte. Ich wollte nicht aufgeben, ich wollte ins Ziel. Der Wille, ins Ziel zu kommen, trieb mich voran, der Schmerz war weiterhin da und ging auch bis ins Ziel nicht weg. Weit über drei Stunden war ich unterwegs. Die letzten 300 Meter lagen vor mir und ich lief nochmals an. Ich wollte nicht humpelnd ins Ziel. Diesen Lauf hakte ich einfach mal ab danach. Ich rief Daniel an und wir trafen uns bei der Medaillengravur. Auch wenn die Zeit sehr schlecht ist, ich wollte sie auf der Rückseite haben. Daniel war sehr gut unterwegs gewesen, Hut ab, als Geher mit einer Zeit knapp über meiner besten Zeit von 02:26 ins Ziel zu kommen. Daniel, du hast meinen tiefsten Respekt.

25. Hella Halbmarathon Hamburg 2019

Freitag 28. Juni 2019
(oder die Hitzeschlacht des Jahres)

Im Vorfeld des Halbmarathons hatten wir bereits Temperaturen von über 30 Grad. Selbst der Veranstalter hatte schon in seinen E-Mails vor dem Lauf nochmals darauf hingewiesen, dass es extrem warm werden würde an diesem Wochenende.

Unsere Anreise erfolgte bereits am Freitag. Ich hatte in Hamburg noch beruflich zu tun und habe meine Familie vorher abgesetzt. Nach meinen Kundenterminen trafen wir uns gegen Abend wieder und machten erstmal den Check-in im Hotel. Dann stand eine Hafenrundfahrt mit der Barkasse an. Zwei Stunden inkl. der Speicherstadt. Es ist immer wieder ein Erlebnis, diese Fahrt mitzumachen. Christine und ich waren so oft schon hier in Hamburg und wie du weißt, bin ich auch beruflich sehr oft hier, aber noch nie hatten wir diese doch längere Barkassenfahrt gemacht. Wir machten also an den Landungsbrücken los und es ging erstmal die Elbe abwärts Richtung Nordsee. Nach kurzer

Zeit machten wir schon Backbord rein. Also nach links für alle Landratten. Ab in den Containerhafen von Hamburg.

Meine Güte, da lag die Köhlbrandbrücke vor uns. Ich war schon etwas geplättet von der Gesamtheit dieser imposanten Hängebrücke, über die ich in ein paar Wochen schon laufen werde. Warum schaue ich mir auch immer solche Läufe an und melde mich an? Diese Frage stellte ich mir, als wir unter der Brücke hindurchfuhren. Knappe 50 Meter hoch über uns war sie nun, die zweitlängste deutsche Brücke, wie uns der Kapitän über seine Außenlautsprecher mitteilte. Welch ein Bauwerk und ich werde auf alle Fälle einmal, bevor die 1974 gebaute Brücke abgerissen wird, darüber laufen. Egal wie, aber ich werde es tun. Wenn du dir die Frage stellst, warum das, was Besonderes ist: Diese Brücke kann im normalen Tagesbetrieb nicht zu Fuß betreten werden. Nur an einem Tag im Jahr ist das möglich, und zwar immer am 03. Oktober eines jeden Jahres. Ich bin wirklich gespannt auf den Lauf und freue mich nun aber erstmal auf meinen zweiten Hamburger Halbmarathon am kommenden Sonntag. Nach der 2-Stunden-Rundfahrt hatten wir alle einen netten Sonnenbrand im Gesicht. So ist das halt, wenn man sich zwar von innen mit Cola, Wasser und einem Bier kühlt, aber sonst auf Sonnencreme verzichtet.

Samstag, 29. Juni 2019

Am Samstag holte ich eben kurz meine Startunterlagen an der Messe ab, sodass wir alle genug Zeit hatten, uns in Hamburg mit Busrundfahrten, Binnenalster, Besichtigung des Rathauses und Einkaufsbummel zu beschäftigen. Abends hatten wir uns mit Heiko und seinem Freund auf der Reeperbahn verabredet. Ein paar Bier gingen schließlich immer, oder? Abends stand noch ein gemütliches Treffen mit Heiko und seinem Freund an.

Sonntag, 30. Juni 2019

Wettkampftag. Um 10:00 Uhr sollte es losgehen auf der Reeperbahn. Ich war bereits um 09:00 Uhr vor Ort, um mich an die Temperatur von nun schon 28 Grad zu gewöhnen. Im Hotel hatten wir ja bei Klimaanlage geschlafen. Ich stand mit meinem Trinkrucksack (Inhalt 1,5 Liter Wasser), einem Handtuch um den Hals und meiner Schirmkappe also hier in Hamburg im Startbereich. Beim Umschauen stellte ich fest, dass ich wohl fast der Einzige war, der einen Trinkrucksack mitnahm. Da fühlt man sich schon komisch. Hast du zu viel mit? Brauchst du das wirklich? Mir war bei diesen Temperaturen die erste Wasserstelle bei 5 km einfach zu weit weg und ich hätte eh nichts daran ändern können, wie auch? Trinkrucksack wegwerfen? Warum auch, der wird durch Benutzung ja immer leichter. Der Hauptsponsor HELLA hatte am Startbereich noch einen Wasserstand aufgebaut. Hier holte ich mir drei kleine Becher mit Wasser, sodass ich vor dem Start bereits knapp einen Liter Wasser getankt hatte.

Der Start erfolgte pünktlich.

In der Mitte der Reeperbahn warteten meine Lieben auf mich, um mich anzufeuern. Dann ging es schon den ersten Step bergauf. Ja, man glaubt es nicht, aber Hamburg ist nicht flach. Hier hatte ich mich beim ersten Lauf auch vertan. Aber nach diesem Anstieg geht es auch wieder runter Richtung Landungsbrücken. Kurz vor der Kurve Richtung Landungsbrücke bei Kilometer 5 sah ich schon von weitem den Wasserstand. Nur winkten die Helfer schon mit den Armen über den Kopf und riefen uns entgegen, dass sie leider kein Wasser mehr hätten. Alle Läufer vor uns haben sich bedient und sich auch komplette Flaschen über den Kopf geschüttet. Unglaublich, der Hauptsponsor ist ein Getränkehersteller und wir haben bei Temperaturen von über 30 Grad nichts zu trinken bei diesem Event. Man versuchte uns zu beruhigen im Laufen, dass es ja bei Kilometer 7 wieder einen Stand mit Wasser geben würde. Zu meinem Glück hatte ich ja meinen Trinkrucksack dabei. Ich musste diesen aber noch nicht benutzen, in der Kurve stand meine Familie mit Wasser für mich. Na ja, eigentlich für sich selbst, aber ich brauchte es zurzeit halt mehr. Ich lief langsam weiter und kam wie meine Mitläufer fassungslos am Versorgungsstand bei Kilometer 7 an. Auch hier hatte man kein Wasser mehr. Nochmals: HELLA Mineralwasser ist hier Hauptsponsor. Zum Glück machte die Hamburger Feuerwehr einen wirklich tollen Job. Diese hatten sowohl ihre Wasserwagen zum Nassmachen der Läufer im Einsatz, wie auch an den nächsten Wasserstellen die Versorgung mit Wasser aus dem Netzwerk der Hamburger Wasserwerke übernommen. Bei jeder Feuerwehrdusche war ich klatschnass. Selbst meine Laufschuhe machten Geräusche beim Laufen, so viel Wasser stand in den Schuhen. Allerdings war es nach ein paar hundert Metern wieder weg. Was man hörte und auch sah, waren die Krankenwagen und Sanitäter, die heute einen extremen Einsatztag hatten. Ich selbst lief und ging die Strecke, immer so, dass es nicht knapp wurde und mein Körper sich erholen konnte. Kurz vor dem Ziel sah ich eine junge Frau, die ich in der Kurve vor den Landungsbrücken noch neben mir hatte, am Boden liegen. Die Sanitäter hielten schon ihre Füße hoch und der Krankenwagen war auch schon unterwegs.

Auch für mich kam das Ziel näher. Als einer der letzten Läufer, aber nicht DER LETZTE, kam ich ins Ziel. Viele waren ausgestiegen und haben sich die 21 Kilometer nicht weiter angetan. Beim Start, so war nachher zu lesen, waren 600 bis 800 Läufer gar nicht angetreten. Ich schon, aufgeben liegt mir nicht. Das weißt du, glaube ich, auch schon, oder?

Mein persönliches Fazit: kein schöner Lauf. Sorry, Hamburg, aber dieser 20. Halbmarathon hätte besser laufen können, trotz Hitze. Einfach mehr Stellen mit Trinkwasser einrichten. Wenn die vorhandenen nicht trocken gewesen wären, hätte es vielleicht auch schon ausgereicht. Nun ja, aus Negativem lernt man. In den Laufgruppen war die Stimmung sehr durcheinander. Es gab sogar jemanden, der bei allen negativen Stimmen der Meinung war, dass man solche Läufe auch nur starten sollte, wenn man diese im Vorfeld trainiert hat.

Geiler Typ, sollen alle erst in die Wüste fliegen, um bei einem solchen Event mitmachen zu können? Oder hilft es vielleicht auch, wenn der Veranstalter sich über seine Strecke Gedanken macht?

Aber nachher ist man sicher wie auch hier immer schlauer.

Ich war jedenfalls mit mir sehr zufrieden. Nicht über die Zeit, aber über meine Vorbereitung. Trinkrucksack plus Handtuch, das immer wieder nass wurde an den Duschstationen, hat mir sehr geholfen. Der Veranstalter hat sich und das rechne ich ihm sehr hoch an, im Nachhinein per E-Mail bei jedem entschuldigt für die Wasserknappheit an der Strecke. So viel Ehrlichkeit tut gut. Und da es auch einen Gutschein für 2020 gab, habe ich mich direkt wieder angemeldet und die Hotelzimmer gebucht. Hamburg, wir sehen uns, Ehrensache, oder?

Im Nachhinein stellte sich heraus, das viele der ersten Läufer sich die Wasserflaschen einfach genommen haben und den Inhalt über den Kopf geschüttet haben. Da kann natürlich keine Planung oder der Hauptsponsor was für, sondern das Läuferfeld selbst.

22. Marburger Nachtmarathon 2019

Freitag, 05. Juli 2019

Freitagabend einen Halbmarathon zu laufen, der um 19:00 Uhr startet, ist schon eine Herausforderung.Arbeiten bis 17:00 Uhr und dann los nach Marburg. Zum Glück war ich extrem gut unterwegs und kam bereits um 18:30 Uhr an. Parken war kein Problem. Eben noch die Startunterlagen abholen und dann, ja dann zum Start. Lass die Suche beginnen. Ich wusste nicht, wohin ich muss, und einen Wegweiser habe ich auch nicht gefunden. Aber, und das ist das Schöne, es gibt immer einen Läufer, der dir hilft. Wir gingen zusammen zum Schloss hoch. Ja, du hast richtig gehört, der Start war oben in der Altstadt. Prima Aussicht und auch ein sehr nettes Städtchen. Mann, war das voll hier oben. Ich traf noch einen alten Arbeitskollegen mit seiner Frau. Wie klein die Welt doch wird im Laufsport. Der Startbereich war schon eng und die ersten Meter auch. Dafür ging es bergab und am Ende nach links. Hier standen noch die Marburger und feuerten uns an. Dann ging es raus aus der City, geradeaus an den Feldern vorbei. Geradeaus Strecken ohne links oder rechts etwas, was mir anzeigt, dass ich vorwärtskomme, wird nicht meine Strecke und ist nicht meine Strecke. Dann, nach einer ewigen Zeit, hey, ein Kreisverkehr und es ging nach rechts über eine Brücke. Dann wieder rechts und lange geradeaus...

Wieder für mich gefühlt endlos geradeaus ohne Ziel kam die andere Innenstadt. Ein paar Leute waren noch da und feuerten uns auch an. Okay, ich war mit die rote Laterne, viele waren nicht mehr hinter mir. Nur der nette Läufer, der mir den Weg gezeigt hatte, sah ich wieder vor mir. Er machte gerade die Schnürsenkel fest. Ich lief vorbei. Dann kam er wieder von hinten und überholte mich. 100 Meter vor mir blieb er an einer Parkbank wieder stehen und machte den anderen Schnürsenkel ebenfalls fest. Ich überholte wieder. Dann kam er wieder. Das Spiel mit den Schnürsenkeln wiederholte sich mehrmals. Ich fand es lustig. Anstatt einfach langsam zu gehen wie ich, wenn es nicht mehr geht, machte dieser Läuferkollege immer seine Schnürsenkel Show. Aber wie heißt es so schön, jeder Jeck ist anders. Ach, die Strecke, fast hätte ich es vergessen, ja, die ging nach der kleinen City wieder geradeaus an den Feldern vorbei. Die einzige Abwechslung war, dass es am Ende nicht nach rechts ging, sondern, ja richtig, nach links zweimal. Und wieder geradeaus. Mann, war ich froh, als es dunkel wurde und ich so langsam den Sportplatz sah, wo wohl das Ziel mich erwartete. Ja, es war der Sportplatz, eine Runde noch rum und ins Ziel. Wenigstens gab es was zu trinken unterwegs (Hallo Hamburg) und im Ziel auch. Eins war für mich aber klar, ich habe hier einen Halbmarathon gemacht, aber mit Sicherheit keinen zweiten. Mir liegt es einfach nicht, nur stupide geradeaus zu laufen. Nach einer kurzen Erholungsphase machte ich mich auf den Rückweg.

Notkauf

Meine Geschäftsreise nach Hannover, Bremen und dann nach Hamburg stand an. Der Koffer routinemäßig gepackt inklusive meiner Sportsachen. Knappe 50 Kilometer lagen bereits hinter mir und ich fuhr im Verkehr schwimmend Richtung Norden. Da klatschte es wie mit einem Hammer in meine Gedanken. Du Honk, hast keine Laufschuhe eingepackt. Na super, ich bin drei Nächte weg und das Wetter war klasse zum Laufen, aber ohne Schuhe? Auf meinem Weg von Hannover nach Bremen fiel mir ein, dass es ja auf der Strecke ein Outlet Center gibt. Also, was spricht dagegen, dort Notlaufschuhe zu kaufen? Nichts, außer dass ich Geld ausgebe. Gesagt, getan. Zuerst in den linken Store… tja, keine Bedienung, die sich um mich kümmern wollte oder mir auf Nachfrage so richtig helfen konnte oder wollte. Zum Glück kannte ich mich etwas mit den Schuhen aus, schließlich waren meine ersten Laufschuhe von diesem Hersteller. Nur gefunden habe ich nichts. Ja, wenn ich über hundert Euro ausgeben wollte, kein Problem, das wollte ich aber nicht. Es war schließlich ein Notkauf.

Also auf die andere Seite in den nächsten Store. Schuhe von diesem Anbieter hatte ich noch nie. Hier war ich direkt im Gespräch mit einem sehr netten jüngeren Mitarbeiter. Ich erklärte ihm kurz, was ich suche und wie ich laufe. Also in etwa so: Ich laufe circa 30 bis 50 km in der Woche, wiege etwas mehr und suche einen Notlaufschuh, da ich meine vergessen habe. Auch welche Schuhe ich aktuell von On-Schuhe nutze, teilte ich ihm mit. Zielstrebig ging er auf ein Modell zu und bat mich, es mal anzuziehen. Der Schuh fühlte sich sehr gut am Fuß an. Damit hatte ich im ersten Moment gar nicht gerechnet. Auch nach ein paar Minuten war der Schuh wirklich angenehm. Also entschloss ich mich, diesen mitzunehmen. Knappe 70,-€ und mein Notkauf war abgeschlossen. Fröhlich machte ich mich auf den Weg zu meinem nächsten Termin.

Nach diesem Termin hielt ich in der Lüneburger Heide an. Ich zog mich um und testete meine Notlaufschuhe. Mensch, war ich verwundert, als ich nach der Runde am Auto ankam und meine Zeit auf der Uhr sah. Ich war über 30 Sekunden schneller als normal pro Kilometer. Im ersten Moment dachte ich darüber nach, ob meine Uhr defekt ist. Bitte nicht... Das würde ja wieder teuer. Ich zog mich komplett um. Mein Anzug war ja bereits ordentlich auf dem Bügel im Auto verstaut, also nur T-Shirt und kurze Hose an. Für solche Aktionen habe ich immer einen Umzugsumhang im Auto. Diesen habe ich mal im Sportgeschäft für Surfer gesehen und für gut befunden. Du hast nicht wirklich gedacht, dass ich mich nackig mache auf einem viel befahrenen Parkplatz, oder? Nee, das muss nicht sein.

So, nun ging es nach Hamburg, duschen im Hotel und was Leckeres essen. Am nächsten Abend lief ich von meinem Hotel aus meine normale Runde. Knappe 7,5 Kilometer. Wieder war meine Zeit knappe 30 Sekunden besser als normal. Unglaublich, oder? Ich hatte diesmal sogar mein Handy zusätzlich mitlaufen lassen. Beide Werte waren aber so gut wie gleich. Kann das wirklich am Schuh liegen? So viel pro Kilometer schneller? Ich wollte es nicht so recht glauben. Also telefonierte ich am Abend mit einer lieben Facebook-Lauf bekannten. Sie selbst ist Fachverkäuferin für Sportschuhe, sodass hier die Beratung immer gegeben ist. Wir haben uns noch nie persönlich gesehen, nur über Facebook und dann hier und da mal telefoniert. Witzig daran ist, dass sie den gleichen Knall hat wie ich. Nein, nicht Laufen, sondern dass sie ein extremer Cookie Monster Fan ist. Ich fragte sie also danach und bekam die Rückmeldung, dass dieser Schuh ein Marathon-Wettkampfschuh ist. Zusätzlich aber auch, dass dieser Schuh nicht für meine Gewichtsklasse geeignet ist und bei mir maximal 300-400 Kilometer halten würde. Na super, dachte ich noch und war stinksauer auf das Bürschchen im Shop. Wenn ich ihm nicht gesagt hätte, was ich wiege und was ich suche, dann hätte ich es vielleicht verstanden, aber nicht so.

Einen Abend hatte ich in Hamburg ja noch zum Laufen und somit lief ich nochmals mit den Notschuhen. Am nächsten späten Nachmittag machte ich mich auf die Rückfahrt nach Hause. Ich kann von Hamburg über die A1 direkt fahren oder aber über die A7 und dann A2. Der Vorteil lag aktuell bei der A7 daran, dass ich am Outlet vorbeikommen würde. Das war mein Weg. Ich wollte und konnte gar nicht anders, als diesen Weg zu nehmen. Also Abfahrt in Soltau, parken und freundlich aber bestimmt Luft machen. Im Geschäft suchte ich kurz nach dem netten Verkäufer, leider ohne Erfolg. Dafür sprach mich, wie sich herausstellte, die Filialleitung an. Ich erklärte ihr kurz, was passiert ist und dass ich sauer bin. Sie bot mir an, dass ich die Schuhe eintauschen könnte und mein Geld zurückbekomme. Das wollte ich zu diesem Zeitpunkt aber nicht. Mir ging es nur darum, dass ich komplett falsch beraten worden bin. Das bestätigte sie mir auch direkt. Dieser Schuh ist nichts für mich auf lange Sicht. Sie bot mir an, dass ich den Kassenzettel aufbewahre und beim nächsten Kauf Rabatt bekomme. So kann man doch mit gutem Gewissen auseinandergehen.

Lösungen müssen nicht böse und laut gefunden werden, es geht ruhig auch sehr gut, wie man an diesem Beispiel sieht.

Wo kann ich laufen?

WhatsApp kann manchmal wirklich das Leben verändern.

Warum das bei mir der Fall war?

Nun ja, auf dem Weg nach Thüringen bekam ich eine Nachricht von Nicole. Sie fragte mich, wo man in Hagen noch so laufen kann. Ihre Hausstrecke gefiel ihr nicht mehr und sie wollte einfach mal etwas anderes sehen und laufen. Ich machte ihr den Vorschlag, dass ich mich bei ihr melde, sobald ich wieder zurück bin und wir gemeinsam meine Strecken erkunden könnten. Gesagt, getan.

Schon eine Woche später stand unser gemeinsamer lauf um den Kaisberg auf dem Plan. Knappe 5 Kilometer und der Lauf war sehr angenehm. Wir hatten fast die gleichen Stärken und Schwächen beim Laufen. Also verabredeten wir uns für den nächsten Lauf.
Diesmal war es ihre Strecke. Hier wunderte es mich nicht, dass es ihr keinen Spaß auf Dauer machte. Direkt bergauf, geradeaus am Wald entlang und dann hinein und bergab. Wo es bergab geht, geht es nachher wieder bergauf.

Nicht direkt, aber später und das macht gerade am Anfang keinen Spaß. Also verabredeten wir uns zum Laufen wieder bei mir vor der Haustür. Wir haben es bisher immer mal wieder geschafft, uns zu treffen und ein paar Kilometer zu laufen. Jetzt sagst du sicher, das ist doch auch kein Problem, anrufen und fertig ist der Termin. Im Normalfall gebe ich dir recht. Wir haben nur beide sehr unterschiedliche Laufzeiten. Bei mir finden diese vielfach abends, am Wochenende oder wenn ich Homeoffice habe, in der Mittagspause statt. Sie hat als Krankenschwester Früh-, Spät- oder auch Nachtschicht. Ebenfalls Termine für gemeinsame Eventläufe zu finden, ist schon ein Problem, aber wir haben es im Oktober 2019 doch mal geschafft. Hat richtig Spaß gemacht und wir sind zusammen in Köln losgelaufen und zusammen ins Ziel. Im Dezember 2019 sind wir zum Beispiel mal im Dunkeln gelaufen. So wie ich es bereits einige Male getan habe. Ich muss aber zugeben, dass es zu zweit auf alle Fälle sehr viel angenehmer ist, als alleine am See vorbei zurennen.

Was mich allerdings immer wieder irritiert oder auch motiviert ist, ihr Laufstil. Ich versuche ihr meine Fehler zu erklären und verbessere mich so selber auch. Sie läuft, wie ich finde, perfekt. Kopf geradeaus, Schultern entspannt und dem

Ziel entgegen. Hin und wieder das Tempo anziehen und sich dann frisch und fertig ins Ziel werfen. Aber auch sie hört immer auf den Körper und wir versuchen es immer genauso zu machen. Warum auch nicht? Laufen soll ja schließlich Spaß machen und gemeinsam noch viel mehr.

Und so ist es auch bei uns.

Sich gegenseitig zuzuhören und zu unterstützen macht das Laufen noch angenehmer. Da ist es egal, ob es regnet oder schneit, wir haben immer eine schöne Zeit zusammen und vergessen dabei den Alltag und die anstrengenden Läufe. Wir motivieren uns gegenseitig, wenn einer von uns mal einen schlechten Tag hat und können uns auch mal über unsere Erfolge freuen. Aber vor allem haben wir durch das gemeinsame Laufen auch eine Freundschaft aufgebaut, die ohne WhatsApp und den gemeinsamen Läufen wahrscheinlich nie entstanden wäre. Also ja, manchmal kann WhatsApp wirklich das Leben verändern. Es hat mir eine neue Laufpartnerin und eine gute Freundin beschert. Ich bin sehr dankbar dafür und freue mich auf viele weitere Läufe und gemeinsame Erlebnisse in der Zukunft.

Mehr als ein Ziel

Montag, 30. September 2019

Ich bin doch bekloppt. Wie kann man nur so bekloppt sein und sich mit seinem Lieblingszahnarzt über den von ihm gelaufenen Berliner Marathon unterhalten und dann auch noch sagen, dass ja leider keine Chance besteht, sich dort zu registrieren.

Das wäre ja alles gar nicht so schlimm, wenn nicht mein Doc mich abends über Instagram noch kontaktiert hätte. Und was schreibt er mir? Richtig, dass die Anmeldung erst ab Mittag geöffnet war und ich mich nun registrieren kann. Er würde sich freuen, wenn wir beide gezogen würden und gemeinsam laufen. Also laufe ich dann mit 51 Jahren meinen ersten kompletten Marathon. 42 Kilometer, Zeitlimit sechs Stunden. Nun ja, was soll ich sagen, ich habe mich mal angemeldet und auch direkt ein Zimmer für September 2020 gebucht. Christine habe ich es auch gebeichtet. Okay, nicht direkt, aber nur einen Tag später. Gefreut hat sie sich nicht. Ich glaube zwar nicht daran, dass ich ausgelost werde, also warum sollte ich mir Sorgen machen?

Von circa 250.000 Anmeldungen werden ungefähr 30.000 Läufer gezogen.

Ein paar Wochen später erhielt ich eine E-Mail vom Veranstalter mit der Überschrift, Herzlichen Glückwunsch Dirk, Du bist dabei. Jeder hätte sich gefreut, ich mich nicht so wirklich, ich hatte um ehrlich zu sein die Hose voll. Ich hatte so einen Respekt vor diesen 42 Kilometer des Schmerzes, das ich gar nicht wusste, wie ich damit umgehen sollte. Ich bin wirklich viele Halbmarathons gelaufen bisher. Den einen gut, den anderen weniger gut, aber dafür müsste ich alles komplett umstellen. Von der Ernährung über mein Lauftraining, bis hin zum Privatleben. Eigentlich alles. War ich dazu bereit? Ich kann es gar nicht so genau sagen. Sicher wäre ich ins Training eingestiegen und hätte die Aufgabe angenommen, aber es kam wie soll es sein, ganz anders.

9. Generali Köhlbrandbrückenlauf 2019

Donnerstag, 03. Oktober 2019

Der letzte Lauf ist trotz kurzer Zeit bereits abgehakt. Mein Oktober Run lag hinter mir und es würde schon gut laufen hier in Hamburg, da war ich mir sicher. Christine und ich waren seit gestern bereits in unserer Stadt und machten wirklich schöne Dinge. Ja, wir waren auch auf der Reeperbahn unterwegs am Abend. Ging ja auch nicht anders. Unser Hotel war mitten drin, unser Zimmer hatte als Ausblick die Rückseite der RITZE. Dass hier ein Biergarten ist, war uns trotz aller Hamburg Besuche auch noch nicht bekannt. Nun denn, es war abends schon zu kalt dafür, aber wir hatten ja eh genug zu unternehmen.

Der Lauf lag noch vor mir. Ich bereitete meine Sachen für den kommenden Tag vor. Tja, was ziehe ich an? Was nehme ich mit? Christine hatte direkt abgesagt, da es auch keinen Sinn machen würde, dass sie nachkommt. Von der Reeperbahn bis zum Start waren es zu Fuß knappe 4,5 Kilometer. Den Weg durch den alten Elbtunnel wollte ich am nächsten Morgen nehmen. So, nun gingen wir erstmal noch was essen und auch trinken, versteht sich doch, wir waren auf DER Partymeile. Der kommende Morgen startete wieder früh für mich. Draußen war es noch komplett dunkel. Ab ins Bad und dann anziehen. Die Tasche mitnehmen und los. Interessanterweise hatte ich gestern die Startunterlagen, also meine Startnummer, abgeholt, aber den Eventbeutel, den man heute abgeben darf, den bekommt man erst heute vor Ort. Verstanden habe ich es nicht, aber was soll's. Zum Glück hatte ich ja immer einen Laufbeutel mit, sodass ich später meinen Beutel, mit dem gesamten Inhalt, in den Eventbeutel umfüllen kann.

Ich machte mich auf den Weg, nach einer kurzen Verabschiedung bei Christine, die noch im Traumland weilte. Im Hotel, auf der Reeperbahn, ja selbst im Alten Elbtunnel war fast kein Mensch unterwegs. Super angenehm, die Ruhe vor dem Lauf. Fast eine Stunde später kam ich am Eventgelände- an. Es war noch nicht voll, sodass ich meinen Beutel sehr schnell bekam. Ich füllte alles so weit um und band mir den Beutel um. Einige Händler, die vor Ort waren, warteten schon auf Umsatz, als auch auf mich. Ich schaute mich um, holte mir meinen allerersten Kaffee und genoss die ersten Sonnenstrahlen des Tages. Die Atmosphäre war irgendwie anders als sonst.

Vielleicht lag es an der Umgebung hier. Container auf der einen Seite und auf der anderen gepresster Metallschrott. Eigentlich ganz normal dafür, dass wir im Hafengebiet von Hamburg waren. Der Start erfolgte eigentlich wie man es so erwartet. Etwas Musik, ein Ansager und es ging los. Die Strecke lief erstmal über eine normale, aber heute gesperrte Straße. Kilometer zwei lag hinter mir und ich konnte das Monster sehen. Es lag vor mir. Den Anblick vergesse ich so schnell nicht. Alle Fotos, die ich mir im Vorfeld im Internet angesehen habe von diesem Lauf-Event, spiegeln nicht einmal ein Stückchen von dem wider, was hier vor mir lag. Stell dir vor, du läufst auf gerader Strecke und ein Berg kommt auf dich zu. Dass es nicht dunkel wurde um mich herum, ist wirklich ein Wunder. Es ging langsam bergauf, immer mehr bergauf und es zog sich, aber ich lief und lief.

Wahnsinn, was ich hier erleben durfte und konnte. Jeden Berg erklimmt man irgendwann, dann ist der Aufstieg geschafft und man darf genießen. Das tat ich und wie. Der Blick über den Hafen bis zu den Landungsbrücken, dem Michel, ach einfach alles, was Hamburg für mich ausmacht, das konnte ich nur genießen. Es war zwar nur sehr kurz, intensiv, ja sehr intensiv dafür. Die Strecke zum Wendepunkt lief ich aus meiner Sicht extrem schnell. Auch das Gefühl stimmte, wie mir meine Laufuhr später bestätigte. Wenn du mal Gelegenheit hast, hier den Lauf zu laufen in den kommenden Jahren, dann tu es. Die Köhlbrandbrücke soll in ein paar Jahren komplett abgerissen werden, da die heutigen Generationen von Schiffen nicht mehr darunter herkommen.

Nun aber zurück zum Lauf. Nach der Kehre ging es wieder zurück und bergauf. Auch von hier ist der Ausblick klasse. So, nun ab ins Ziel. Nein, ich lief den Lauf nicht komplett durch. Und? na, siehst du, kein Grund zur Sorge, ich bin wohlbehalten angekommen und nehme großartige Erinnerungen mit von diesem Lauf. Der Lauf ist nach New York einer meiner liebsten. Nach dem Lauf traf ich mich mit Christine und ging erstmal zum Duschen ins Hotel. Frisch und frei machten wir uns weiter auf die Suche nach schönen Stunden in Hamburg. Diese haben wir natürlich gefunden. Nur mit dem Ausschlafen wurde am nächsten Tag wieder nichts. Wir hatten eine Reise nach Helgoland mit dem Halunder Jet gebucht. Wirklich empfehlenswert, aber das ist ein anderes Thema.

23. RheinEnergie Köln Halbmarathon 2019

Samstag, 12. Oktober 2019

Heiko und Katja trafen wir am Nachmittag in Köln. Nach unserem Kennenlernen in New York beim dortigen Halbmarathon sind wir wirklich gute Freunde geworden. Heiko und ich hatten uns bereits beim VivaWest Event wiedergesehen und es war, als ob wir uns erst gestern zuletzt gesprochen hatten.

Heiko war und ist bis heute immer der schnellere Läufer von uns beiden gewesen. Ich bin da eher der, der sich Zeit nimmt und die Veranstaltung in sich aufnimmt. Das war bei mir von Anfang an so. Aber und das ist bis heute das schöne bei uns beiden, es ist komplett egal. Wir genießen beide auf unsere Art und Weise den Laufsport. Jeder wie er kann und will.

Nun denn, wie gesagt wir hatten uns alle vier das letzte Mal in New York gesprochen, also war viel Gesprächsstoff da. Wir checkten im Hotel in Bahnhofsnähe ein. Das hatte für uns beiden Läufer den Vorteil, morgen nicht all zu weit laufen zu müssen bis zum Startplatz.

Wir machen uns auf den Weg bei strahlenden Sonnenschein zum Rhein runter und liefen an der Promenade entlang. Kurz vor dem Schokoladenmuseum fanden wir ein nettes Plätzchen direkt am Wasser. Herrlich, wir sogen die Sonne, die tolle Umgebung und die frische Luft alle ein. Die letzten Tage waren nicht immer so schön, wie dieser spätherbstliche Tag. Beim Essen waren Heiko und ich komplett unterschiedlich wie ich feststellte, Heiko achtete darauf nicht wie ich das zu essen, was ich wollte, sondern er schaute was Ihm morgen keine Probleme beim Lauf machen würde. Ich glaube, ich habe was gelernt gerade. Hätte ich das mal bei meinem ersten Halbmarathon in Berlin beachtet, hätte ich vielleicht keine Schweinshaxe bestellt. Oder, vielleicht doch. Mir ging es ja nicht um Bestzeiten. Gegen 22:30 Uhr waren wir alle im Hotel und die Läufer machten, jedenfalls ich, schnell die Augen zu.

Sonntag, 13. Oktober 2019

Am nächsten Morgen trafen Heiko und ich uns vor dem Hotel. Ich hatte normal gefrühstückt und auch meinen Kaffee getrunken. Heiko war da etwas anders. Er hatte sein für Ihn normales und bewährtes Programm am frühen Morgen gestartet. Ich meine mich noch zu erinnern, das er sich einen Wecker gestellt hat und so um 05:00 Uhr ein paar Chips gegessen hat. Dann heute Morgen nur eine Banane. Okay, wenn es hilft, ist das alles in Ordnung aus meiner Sicht. Wir gingen gemeinsam in Richtung Startplatz. Dort trennten uns dann ganz schnell die einzelnen Boxen. Heiko war mit seinen Zeiten von um die 1 Stunde 30 Minuten fast ganz vorne im ersten Teil der Starter. Ich mit meinen 2 Stunden 50 Minuten, richtig, ganz hinten. Also ging ich nach hinten und wartete darauf, das der Start für die ersten Läufer, also auch Heiko, begann. Nach einer gefühlten Ewigkeit ging es los, auch für mich dann circa 20 Minuten später. Die Temperatur war etwas kälter, aber zum Laufen wirklich sehr angenehm.

Die ersten Meter lief ich bewusst langsamer als normal. Ich wollte nicht zu schnell werden und dann wieder meine Beine, oder besser meine Ferse spüren. Es klappte wirklich ganz gut. Die Zeit auf meiner Laufuhr zeigte mir an, das ich langsam war. War das schlimm? Nicht für mich.

Ich lief meinen Halbmarathon wie immer in meiner Geschwindigkeit. Nach knapp 10 Kilometer war ich allerdings komplett durch. Ich spürte meine Knie und auch meinen rechten Fuß. Das wird ja sicher ein Ritt bis ins Ziel. Viele andere Läufer hatte ich nicht mehr um mich herum, also sehr viel Platz auf der Straße. Bei Kilometer 15 ich stand kurz davor abzubrechen und dieses Mal aus Köln ohne einen Zieleinlauf nach Hause zu fahren. Du kannst mir glauben, das wollte ich aber nicht, also ging ich 400 Meter langsam in Richtung Ziel. Auf einmal spürte ich, dass es wieder laufen könnte. Ich versuchte es und rannte langsam wieder los. Es klappte. Die nächsten Kilometer wurden besser und auch das Publikum feuerte mich an weiterzulaufen. Kurz vor dem Dom sah ich Christine an der Strecke stehen und lief zu Ihr. Ein kurzes Küsschen muss einfach sein, bevor es weiter ging in Richtung Ziel. Ja das Ziel kam, es ist gerade hier in Köln für mich immer wieder ein tolles Erlebnis auf dem roten Teppich ins Ziel zu laufen. Es geht minimal Bergab und schon das ist sehr viel wert, wenn Du eigentlich schon durch bist.

Ziel, Ziel yes, ich war da. Schnell noch ein Foto machen und dann zu den echt tollen Versorgungsständen im Zielbereich. Nach dem Zielbereich traf ich Christine wieder, Sie hatte zwar versucht in diesen Bereich zu mir zu kommen, was aber nicht möglich war. Heiko war schon lange im Ziel, was mich nicht wirklich gewundert hat. Wir trafen uns noch auf ein alkoholfreies Bierchen und verabredeten und für die kommenden Wochen. Diesmal stand kein Lauf auf dem Programm, sondern ein gemütliches essen. Also mal ganz gemütlich ohne Kilometer oder Zeiten im Hinterkopf.

Hamburg Trainingslauf 2019

Mittwoch, 23. Oktober 2019

Hamburg. Heute stand nach meinem vorläufigen Trainingsplan die Halbmarathon-Distanz, also 21 Kilometer, auf dem Programm. Gestern war ich ja bereits 8,5 Kilometer unterwegs gewesen. Den ersten Teil wollte ich heute genauso laufen. Also los in Richtung Hamburger Balkon, dann durch die Straße mit den Fischauktionshallen, Richtung Landungsbrücken. Es lief erschreckend gut heute. Auch meine durchschnittliche Zeit pro Kilometer blieb identisch von Kilometer zu Kilometer. An den Landungsbrücken ging es hinauf zum Park Planten un Blomen. Es machte mir extrem viel Spaß, durch den Park zu laufen. Nun stand die Außenalster an. Ich hörte von meiner App gerade, dass ich 8 Kilometer hinter mir hatte. Klasse, eine Runde um die Außenalster sind 10 Kilometer, dann würde ich schon bei circa 18 Kilometern liegen und wäre bis zum Hotel genau im Zielkorridor. Das Wetter mit 15 bis 16 Grad, keine hohe Luftfeuchtigkeit und meine körperliche Verfassung waren heute richtig gut und passten zu mir.

Die Sonne ging langsam unter und hinterließ in sehr schönen Rottönen ein Bild von Hamburg, das ich mit mehreren Fotos eingefangen habe. Keine Sorge, bei jedem Foto habe ich gestoppt und bin erst dann wieder losgelaufen, als ich das Handy sicher verstaut hatte. Es kam, wie ich nun weiß, bei Kilometer 16,8. Hier stolperte ich. Ja, ich blieb mal wieder an einer Gehwegplatte hängen. Ich spürte den Aufschlag auf dem Rasen, genauso wie den Schmerz in meinem kleinen Finger und dem Ringfinger an der rechten Hand. Beide Finger habe ich mir extrem überdehnt beim Sturz. Als ich lag, meldete sich direkt meine Uhr am Handgelenk und zeigte an, dass sie gerade auf dem Weg war, einen Notruf abzusetzen. Das stoppte ich. Als Nächstes wollten mir sofort mehrere andere Läufer, die meinen Sturz gesehen hatten, helfen. Ich bedankte mich dafür. Da mir aber soweit nix fehlte (dachte ich). Nun ja, innerhalb der nächsten Minuten war mir kotzübel. Meine Fresse, war ich durchgeschüttelt worden. Ich stoppte meinen Lauf und blieb erstmal sitzen. Mehrere Minuten später stand ich langsam auf. Meine Finger taten echt weh und die rechte Schulter. Langsam machte ich mich auf den Rückweg zum Hotel.

Dass die kommende Nacht nicht gut war und ich jede Drehung im Bett gespürt habe, brauche ich, glaube ich, nicht mehr erklären. Zum Glück machte schon um 08:30 Uhr die Apotheke in der Nähe des Hotels auf. Das Voltaren tat wirklich gut. Damit kam ich über den nächsten Tag.

So schnell kann es gehen und man liegt
einfach mal auf der Nase.
Gehört aber wohl dazu.

Pass schön auf dich auf beim Laufen.

Medizinischer Eingriff 2019

Ende Oktober 2019

Seit nun fast anderthalb Jahren habe ich immer wieder die linke Nasennebenhöhle und die Stirnhöhle komplett vereitert. Der Doc meint, ich soll immer mal wieder eine Cortison Kur machen. Eine Woche lang hoch dosiert das Zeug einnehmen, das kann es doch nicht sein. Davon abgesehen, dass ich dann immer wieder zunehme. Nö, das ist es doch nicht.

Bei meinen Läufen mit Nicole, die als Intensiv Schwester im Krankenhaus arbeitet, habe ich darüber mal gesprochen. Sie selbst hat vor Jahren in einer HNO-Klinik bei uns gearbeitet und gab mir den Tipp, dass man vielleicht durch ein Fenster in meiner Nasenscheidewand mehr Platz zum Ablauf des Sekrets bekommen könnte. Daraufhin habe ich meinen HNO-Arzt angesprochen und direkt eine Überweisung für ein CT erhalten. Als wir uns dieses gemeinsam dann ein paar Tage später angesehen haben, gab er mir jedenfalls eine Überweisung für das Krankenhaus. Auch dort war es wirklich spannend. Der erste Arzt, der mich untersuchte, klärte mich auf, was alles passieren könnte. Also mein Sehnerv könnte beschädigt werden, genauso wie mein Geruchsnerv. Auch wäre es möglich, dass man beim Eingriff durch die Hirnrinde stößt und dann Hirnwasser austritt. Das wäre aber sehr gut mit Folie abzudichten. Mal ehrlich, wer will das alles wissen? Ich nicht. Zum Glück kann ich mit solchen Hinweisen, was alles passieren kann, sehr gut mental umgehen. Ärzte sind Handwerker, nicht mehr und auch nicht weniger. Der einzige Unterschied ist, dass Leben daran hängen und nun mal kein Stück Holz oder Metall. Der zweite Doc, der ebenfalls noch mal meine Nase untersuchte, war dann der Meinung, dass man meine Nase brechen müsste. Es ist zu eng, um mit zwei Stäben in die Nase zu kommen. Machen Sie sich keine Sorgen, die Stütze für den Bruch wird dann nach einer Woche aus der Nase entfernt, alles kein Problem. Nun ging es nochmal zur Chefärztin, ich wurde ihr vorgestellt. Auch sie untersuchte meine Nase erneut. Auf den Hinweis der beiden anderen Ärzte, dass es doch alles zu eng wäre, beruhigte sie mich: „Das schaffe ich auch, ohne Ihre Nase zu brechen. Machen Sie sich mal keine Sorgen."

Die OP
Montag, 11. November 2019 / 08:30 Uhr

Der Tag meiner OP. Als ich von meinem Papa ins Krankenhaus gebracht wurde, dachte ich noch einmal über das Datum nach. Wir hatten den 11.11.2019. In Köln, Düsseldorf und Mainz würde heute wohl keine geplante OP stattfinden. Karnevalsstart in diesen Städten bedeutet mit Sicherheit genügend andere OPs, die anfallen könnten. Ich betrat also mein Zimmer und musste noch warten. Umziehen war noch nicht angesagt.

Gegen 10:00 Uhr ging es langsam los, ich durfte mich umziehen und bekam meine „bleib mal locker-Tablette. Kaum 10 Minuten später wurde ich schon zum OP-Bereich gefahren. Ich glaube ja immer noch, dass ich um kurz nach 11 Uhr operiert wurde. Aber, und das ist das Wichtigste, ich habe alles sehr gut überstanden. Meine Nase war nicht gebrochen worden und ich hatte keine Schmerzen. Dass man keine Schmerzen haben soll, hatte man mir zwar gesagt, aber so richtig geglaubt habe ich es nicht. Drei Tage später durfte ich das Krankenhaus bereits verlassen. Um es hier etwas kürzer zu machen: Nach knapp einer Woche war meine Nase wieder frei und auch das Gel, das zum Auffangen des Sekrets nach der OP gedient hatte, hatte meine Nase bereits verlassen. Zwei Wochen blieb ich noch zu Hause und in der dritten Woche habe ich es mit dem Laufen wieder versucht. Das Gefühl war schon extrem. Ich bekam mehr Luft durch die Nase, nur war weder die Nase noch ich selbst es gewohnt, so zu atmen. Ich glaube, dass ich für die Umstellung der Atmung noch etwas Zeit benötige. Von Mund ein- und ausatmen auf Nase ein- und Mund ausatmen, das wird noch dauern, bis es automatisch klappt. Aber wie ist das mit Zielen? Man muss sie sich stellen und daran arbeiten.

Silvester - Neujahr 2019 - 2020

Mein Ziel? Der BMW Marathon Berlin 2020

Nun haben wir Weihnachten 2019. Ich plage mich mit einem schlappen Gewicht von 120 kg herum. So weit oben war ich noch nie. Im Oktober war meine Gewichtswelt noch in Ordnung. Die Anzüge passten und auch so hatte ich, auch ohne Waage, nicht den Eindruck, so schwer zu sein. Meine Güte, nun muss aber wirklich schnellstens etwas passieren. Wenn ich nicht vor knapp drei Jahren schon mal unter 100 kg gekommen wäre durchs Laufen, dann würde ich nun wirklich komplett verzweifeln. Ein Event steht in knapp einer Woche noch an: Silvester 2019/2020 und da komme ich gar nicht um Kalorien herum. Diesmal wird es wohl mehr an den Getränken liegen als am Essen. Wir machen das erste Mal Feuerzangenbowle. Allein der Zucker sorgt hier schon für eine Gewichtszunahme.

Silvester 2019

Einmal noch eine morgendliche Runde um den Hengsteysee, bevor es dann so langsam zu

Andrea und Eric geht. Den Kartoffelsalat habe ich gestern schon komplett fertig angerichtet. Diesmal habe ich extra auf wenig Mayonnaise geachtet. Aber die fettreduzierte Variante wurde es schon allein aus Geschmacksgründen nicht. So, die Feuerzangenbowle und ein paar Kölsch können kommen.

Neujahr 2020

Hallo, neues Jahr, hallo gute Vorsätze. Nun ja, ich brauche keine guten Vorsätze aus den tollen einschlägigen Zeitschriften. Ich habe mein Laufjahr mit einem knapp über 8 Kilometer langen Lauf gestartet. Herrliches Wetter hatten wir heute. Die Runde um den Hengsteysee war nachmittags sehr voll mit Spaziergängern. Da die Böschung am See-Café nicht in Ordnung ist, durfte ich wieder einmal auf 210 Höhenmeter rauf. Quer durch den Matsch, aber was soll's. Es war schön und hat Spaß gemacht. Nicht beim Laufen, nachher in der Badewanne, genau dann ist es schön. Vielleicht verstehst du, was ich meine.

Corona oder Covid 19 2020

Heute steht es bereits in den Geschichtsbüchern, doch damals als es begann, wusste niemand was da auf uns alle zukommt. Erst mal hier und da kam es in Deutschland zu Einschränkungen in der Bewegungsfreiheit. Weltweit nahm das Thema ebenfalls immer mehr fahrt auf, bis zu dem Punkt als fast alles und das Weltweit zum Stillstand kam. Die Wirtschaft in fast jedem Land ging wie ein geschlagener Boxer zu Boden. Das öffentliche Leben wurde immer weniger. Besuch bei Opa und Oma oder wie bei uns Mama und Papa waren nur noch mit medizinischer Maske möglich. Die Politik hatte uns allen fest eingebläut, das wir die ältere Generation töten könnten, wenn wir nicht auf Abstand gingen.

Dabei positiv weiter im Leben zu stehen, war schon sehr schwierig. Die ganzen schlauen Leute im Fernsehen und die nicht so schlauen, die ebenfalls Ihre Auftritte hatten. Wem sollte man da glauben?

Ganz ehrlich, ich wusste es auch nicht.

Anstatt wie in den ganzen Jahren zu meinen Kunden zu fahren, unterhielt man sich nun über eine Video-Verbindung mit Ihnen. Ebenso wurden, wenn es überhaupt noch ging, Neugeschäfte abgewickelt. Laufevents waren alle und das Weltweit abgesagt. Selbst der Fußball spielte vor leeren Tribünen. Das einzige, was hier wirklich gut war, war die Tatsache, das ich den Berlin Marathon so komplett absagen konnte und sogar mein Startgeld wieder bekam. Ich war sehr erleichtert darüber, ich hoffe, das kannst Du verstehen Doc..

Ich ging in der Mittagspause und an den Wochenenden weiterhin laufen. Aber auch da bekam man, obwohl es ausdrücklich erlaubt war, vom einen oder anderen Spaziergänger böse Blicke zugeworfen. Um ehrlich zu sein, wundert es mich bis heute, das keiner Handgreiflich wurde. Vielleicht lag da dann doch die Angst im Nacken, das Corona dann beißen könnte. Mehr Buchseiten möchte ich gar nicht dem Thema Corona geben. Ich will nur hoffen, das wir diese oder ähnliche Situation nicht noch mal erleben müssen. Leider war das aber auch die Zeit, wo ich an beiden Knien schmerzen bekam. Also ging ich wieder zum Arzt. Diesmal aber mit einem nicht so schönen Gefühl im Bauch.

Bei einem Lauf am Wochenende machte sich mein rechtes Knie so sehr bemerkbar, dass ich in einem abschüssigen Abschnitt stehenblieb und merkte, dass ich lieber nicht weitermachen sollte, nicht nur die Schmerzen waren da, sondern als ich mit der Hand an meinem Knie fühlte die extreme Wärme. Mein linkes Knie war dagegen kühl. Ein kurzer versuch nochmal anzulaufen, doch es ging nicht mehr. Sicher nur eine Zerrung im Knie, dachte ich. Den letzten Kilometer ging ich also mehr humpelt als gehend nach Hause. Erstmal Duschen und mit einer medizinischen Creme behandelt. Das wird schon werden.

Am nächsten Tag waren die Schmerzen noch da, also kurz um direkt mal einen Termin beim Orthopäden gemacht. Als ich am nächsten Tag vor Ort ankam, musste ich wie alle anderen nicht nur mit Maske, wir hatten ja Corona, warten, sondern direkt wieder nach draußen an die Frische Luft. Hier warteten circa 10 Personen darauf vom Arzt untersucht zu werden. In dieser Coronazeit habe ich nicht verstanden, warum einige Praxen es nicht geschafft haben, ihre Terminplanung besser in den Griff zu bekommen. Nun ja, es dauerte trotz Termin noch eine knappe Stunde. Stehend vor der Tür mit einem schmerzenden Knie zu warten, war einfach nicht schön. Sicher ging es den anderen wartenden nicht besser als mir. Zum Glück konnten wenigstens die älteren Herrschaften sitzen. Als ich dran war und der Arzt sich mein immer noch warmes Knie angesehen hatte, bekam ich direkt einen Termin zum MRT. Ich kürze hier mal ab. Ein paar Tage später hatte ich das niederschmettere Ergebnis erhalten, ab ins Krankenhaus um mir den Knobel des Kniegelenkes glätten zu lassen.

Wieder zwei Wochen später war ich bereits im Krankenhaus und hatte meine OP hinter mir. Für mich war die Welt wieder in Ordnung. Der Knorpel war geglättet, die Phyiso sollte direkt danach beginnen und es hatte den Anschein, das alles wieder so wird wie mal war. Schließlich wollte ich bald wieder Laufen. Nach ein paar Wochen Physio durfte ich sowohl vom Arzt wie auch vom Therapeuten wieder langsam mit dem Laufen anfangen. Das brauchte man mir nicht zweimal sagen. Meine Hausstrecken warteten sicher schon auf mich. Es war super schön wieder zu laufen. Ich habe es vermisst, gerade jetzt in der Zeit wo man Privat, wie auch beruflich nicht so richtig machen durfte was man wollte. Fast nur zu Hause, in den eigenen vier Wänden, keine sozialen Kontakt, außer per Video, da tat es mir sehr gut, die Natur laufend wieder zu erleben.

Aber ich hatte die Rechnung ohne mein linkes Knie gemacht, das nun mit dem gleichen Schmerzen anfing nach drei Monaten, wie das rechte vorher. Für mich fing also genau der gleiche Ablauf wieder an, wie beim rechten Knie. Erst zum Arzt, dann zum MRT, es folgte die OP und die Physio. Ganz großes Kino. Brauch kein Mensch, aber was soll ich machen.

Die Hoffnung stirbt bekanntlich zuletzt.

Ich hatte Hoffnung, das es mit der zweiten OP geschafft wäre, leider weit gefehlt.

3TürmeWEG Trailrun 2021

Sonntag, 07. November 2021

Das heute mein letzter Lauf bei diesem ersten Event des TV Hasperbach 1898 e.V. sein würde, hatte ich so nicht gedacht. Ich hatte mich wirklich sehr darauf gefreut hier endlich mal laufen zu dürfen. Durch die Corona Zeit war der Termin leider verschoben worden, aber heute war alles perfekt. Selbst das Wetter machte mit. Es war für Anfang November zwar schon kälter, aber es regnete nicht. Glaub mir, das war für alle mitten im Wald das beste was passieren konnte.

Auf den Verlauf und die gesamte Strecke war ich sehr gespannt. Als Kind war ich mit meinen Eltern immer mal hier im Wald bei den Wildschweingehegen, aber das war so lange schon her, das es schon erstaunlich für mich war, wie wenig ich mich mit eigener Heimat auseinandergesetzt hatte. Sicher, es gab hier nicht die großen Veranstaltungen, wie Hamburg, Berlin, Köln oder gar New York. Aber dennoch sehr schöne kleine Veranstaltungen. Ich war gespannt, wie die Strecke war und wie ich es mit meinem Knie hinbekommen würde.

Die Anreise mit dem Auto und den vom Parkplatz zum Startpunkt Pendelden Busse verlief wirklich entspannt. Auch am Start war es super ruhig. Jeder hatte genug Platz um sich für seinen Lauf warmzumachen. Eigentlich wollte ich hier gar nicht alleine Laufen. Aber meine Laufpartnerin konnte durch die Wechselschicht leider nicht Teilnehmen. Nun gut, dann eben alleine. Wie alleine ich noch laufen würde, war mir bis hier noch nicht klar. Der Start kam und ich hatte da schon den Eindruck, ich glaube, ich bin hier falsch. Nicht zu fassen, welches Tempo wirklich alle liefen. Normalerweise habe ich immer so circa 10 – 15 Mitläufer, die in meinem Tempo mit laufen. Hier nicht einer und das bereits nach der ersten Kurve. Ich sah da den ersten Turm bereits aber schon fast einen anderen Läufer. Wir waren doch so um die 120 Teilnehmer, hallo? Na egal dachte ich mir, ich laufe meinem Lauf und die alle Ihren. Die Strecke war gut ausgeschildert und ich fand auch ohne suchen meinen Laufweg. Von den normalen Wegen auf den Trail, also über Stock und Stein wie man so schön sagt, lief ich mein Rennen. Nur gegen mich, mein Knie, meine Kondition und den eigenen Schweinehund, der immer wieder vorbeikam und leise sagte, hör auf, die warten eh nicht auf Dich im Ziel. Lass es sein, schleich Dich nach Hause und mach Dir einen schönen Tag mit

Christine. Ja ich muss zugeben, das war schon sehr verlockend, aber ich wollte einfach ankommen. An jeder Stelle, wo sich die Richtung für uns Läufer änderte, stand jemand vom Verein, feuerte mich an und zeigte mir den Weg in Richtung Ziel. Nach dem zweiten Turm konnte ich nicht mehr so wirklich. Ich ging die Strecke über die Steine. Mein Knie machte nicht so richtig mit, aber ich wollte nicht aufgeben. Es kam wie es kommen musste, so circa 3 Kilometer vor dem Ziel, kam von hinten mein freundlicher Fahrradbegleiter, also meine persönliche rote Laterne. Ohne Stress und ohne Murren begleitet er mich ins Ziel. Wir hatten uns sehr gut unterwegs unterhalten und auch er war einer der nicht mehr aktiv laufen konnte, aber immer noch gerne bei den Veranstaltungen des Vereins dabei war.

Im Ziel wurde ich mit Klatschen begrüßt und auf den letzten Metern angefeuert. Dafür möchte ich mich an dieser Stelle sehr bei allen von damals bedanken, Ihr glaubt nicht wie schön es war, trotz der Verspätung noch so ab gefeiert zu werden. DANKE dafür.

Umsattel 2021 - 2022

Und das im wahrsten Sinne des Wortes

Meine beiden Knie machten einfach nicht mehr mit, das Linke war nun zum zweiten Mal unter dem Messer und das rechte einmal. Bei meinem letzten MRT und dem dazugehörigen Gespräch für den geplanten Eingriff, macht mir der Arzt klar, dass mir nur noch ein massiver Eingriff, also eine teil oder ganz Prothese helfen würde. Nur wenn ich mit dem Laufen aufhören würde und das sofort, könnte ich noch ein paar Jahre rumkommen. Das saß, das tat mir richtig weh. Ich laufe einfach zu gerne und nun sollte ich es einstellen? Komplett? Was mache ich dann? Er meinte Fahrradfahren oder Nordic Walking bzw. Schwimmen, das würde gehen. Danke Doktor, genau das wollte ich nicht hören. Bald werde ich 51 Jahre alt und fühle mich plötzlich alt. So alt, das ich Schwimmen oder Nordic Walking machen soll. Gefrustet von diesem Gespräch fuhr ich nach Hause.

Nach einem langen Gespräch mit Christine und vielen echt Nervenaufreibenden inneren Eigengesprächen, habe ich dann beschlossen mir ein E-Bike anzuschaffen.Schließlich wollte ich wieder in die Natur. Aber und das war leider immer noch der Punkt, der mir so richtig weh tat, ich konnte das Fahrrad nicht mitnehmen, wenn ich auf Geschäftsreisen bin.

Meine ersten Touren machte ich am Wochenende. Auch hier ging es nach sehr kurzer Zeit immer weiter in der Distanz. Es ging so weit, das ich von uns aus 50 km hin und natürlich auch 50 km zurückfuhr. Hin eigentlich noch sehr flach. Zurück dann aber über die Nebenstrecke, also Berg rauf und Berg runter. Gesamtheit über sieben Stunden. Nach Hause kam ich mit dem letzten Stückchen Strom im Akku an. Was für ein Glück. Ich war fix und fertig von der Tour. Kaum geduscht, lag ich schon auf dem Bett und war im Traumland für neue Fahrradfahrer.

Neue Hobby's 2023

NORDIC WALKING

Nur was mache ich unterwegs? So wirklich habe ich mir keine Gedanken über die „Stöcke" gemacht. Sagen wir mal so, ich wollte es auch nicht. Ich wollte noch nicht alt sein. Beim Nordic Walking traf man bei uns in der Gegend hauptsächlich auf ältere Sportler*innen. Ach nein, das wollte ich noch nicht sein. Was? Na alt. Doch dann, beim Einkaufen in einem Discounter lagen welche aus der Wochenwerbung für 10,-€ im Regal. Was soll ich Dir sagen, ich nahm sie mit. Noch Wochen später lagen die Stöcke im Kofferraum. Erst circa drei Monate, ja so lange hab ich gebraucht, packte ich sie aus und versuchte mal mein Glück. Ich ging als Nordic Walking über die gleichen Routen, die ich vor meinen Knieproblemen gelaufen bin. Alles war eigentlich gleich, die Natur, die Seen, die Luft, nur die Geschwindigkeit war entspannter.

Meine beiden neuen Hobbys

Heute im Jahr 2023 bin ich komplett weit weg vom Laufen. Ich danke sogar dem Doktor im

Krankenhaus für das Kopfwaschen und die neuen Sportarten. Nun Nordic Walking ich mehrfach in der Woche.

Zusätzlich zum E-Bike habe ich mir ein Gravel Bike (ohne E.) gekauft und bin damit regelmäßig 60 bis 90 km unterwegs. Mit meinem E-Bike bin ich dann aus der Nähe von Winterberg bis nach Hagen bereits unterwegs gewesen. Es läuft also wie beim Laufen auch, erst fange ich bei allen langsam an. Doch dann brauche ich die Herausforderung. Grenzen gibt es nicht, außer die in meinem Kopf. Dass es die in meinen Kopf nicht gibt, hast, Du glaube ich bei meinen Erzählungen über meine Laufevent Geschichten mitbekommen.
Warum wollte es die auch geben? Das ergibt für mich auch keinen Sinn. Ich gebe aber zu, dass ich weiterhin das Laufen vermissen und sehr gerne nochmals in New York an den Start gegangen wäre. Doch wäre es eine Knieprothese wert? Vielleicht werde ich es tun, vielleicht aber auch nicht. So ganz sicher, ob oder ob nicht bin ich mir dabei noch nicht.Vielleicht ist es auch einfach Zeit, um das Laufen loszulassen. Denn alles in allem kann ich sagen, dass ich auch ohne Laufen in meinem Leben glücklich und zufrieden bin. Denn ich habe gelernt, dass es nicht immer wichtig ist, ständig neue sportliche

Herausforderungen anzugehen. Auch Entspannung und Ruhe sind wichtige Bestandteile eines ausgeglichenen Lebens. Und wenn ich mir meine neuen Sportarten anschaue, dann merke ich, dass sie mir genauso viel Freude bereiten wie das Laufen. Vielleicht sogar noch mehr, weil ich nicht ständig unter Druck stehe, meine Laufzeiten zu verbessern oder neue Distanzen zu laufen. Ich denke, dass es wichtig ist, im Leben flexibel zu bleiben und sich neuen Möglichkeiten zu öffnen. Wer weiß, vielleicht werde ich in ein paar Jahren wieder das Laufen entdecken und es wird mein neues Hobby werden. Oder ich bleibe bei meinen aktuellen Sportarten und erlebe weiterhin viele Abenteuer damit.

Eines ist jedoch sicher: Ich werde immer dankbar sein für meine Laufzeit und für die wertvollen Lektionen, die ich beim Laufen gelernt habe. Und wer weiß, vielleicht bin ich ja doch nicht ganz weit weg vom Laufen. Denn auch beim Nordic Walking und Radfahren kann ich die Natur genießen und meinen Körper fit und gesund halten.

Und das ist letztendlich das Wichtigste.

Nachwort

Liebe Leser*in, wenn du es bis hierher geschafft hast, danke ich dir herzlich und hoffe, dass dir das Buch Freude bereitet hat. Vielleicht hast du manchmal gelacht oder bezweifelt, ob das wirklich alles so passiert ist.

Ja, es ist alles genauso gewesen.

Hast du jetzt Lust bekommen aufs Laufen, Nordic Walking oder Fahrradfahren?

Das wäre wundervoll! Hier endet mein Buch. Vielleicht treffen wir uns in Zukunft mal beim Sport, ich würde mich freuen.

Mit den besten Grüßen
Dirk

Danksagung

Ein großer Dank geht an erster Stelle an meine wunderbare Frau Christine. Sie hat mich bei fast jedem Laufevent unterstützt und begleitet. Dafür musste sie oft ihre eigenen Pläne und privaten Termine verschieben, damit ich meine Träume und Ziele ausleben konnte. Ihre unermüdliche Unterstützung und ihr Verständnis haben mir die Kraft gegeben, weiterzumachen, selbst wenn es schwierig wurde. Ohne ihre Liebe und ihr Engagement wäre ich nicht dort, wo ich heute bin. Christine, du bist mein Fels in der Brandung, und ich bin dir unendlich dankbar für alles, was du für mich tust.

Ebenso möchte ich meinen beiden wunderbaren Töchtern, Katharina und Nadine, danken, die mich bei vielen Läufen unterstützt haben. Eure Begeisterung und euer Mitfiebern haben mir oft zusätzlichen Ansporn gegeben. Zu wissen, dass ihr an meiner Seite seid, hat mir stets geholfen, weiterzumachen und über meine Grenzen hinauszuwachsen. Danke, dass ihr diesen Weg mit mir gegangen seit.

„Ich möchte mich herzlich für die Erlaubnis zur Namensnennung bedanken."

BMS Die Laufgesellschaft mbH, Hamburg
SC Grün-Weiß 1920 e.V., Paderborn
Hellwegs Solution Event & Marketing UG,
Möhnesee
SCC EVENTS GmbH, Berlin
Ultra Sport Club Marburg e.V., Marburg
Kölner AusdauerSport GmbH, Köln
TV Hasperbach 1898 e.V., Hagen
Ruderclub „Westfalen" Herdecke 1929 e.V.,
Herdecke
Marathon Hamburg Veranstaltungs GmbH,
Hamburg
Infront B2Run GmbH, Köln
Lauf Sport Verein Porz e.V., Köln
interAir GmbH, Pohlheim
Leichtathletik-Team Deutsche
Sporthochschule Köln e.V., Köln
Triathlonverein Barchfeld e.V., Bad Salzungen
Falke Rothaarsteig-Marathon e.V.,
Schmallenberg
Wings for Life Wolrd Run
LL80 Nordpark Köln e.V., Köln
New York Road Runner Inc., New York (USA)
Venloop Stiftung, Venlo (NL)
Laufwerkstatt, Innsbruck (AT)

Ich möchte mich bedanken bei allen, die mich unterstützt und bei gemeinsamen Läufen begleitet haben.

Besonders danke ich Nicole, Katja, Heiko und Mentor für ihre Unterstützung und die gemeinsame Zeit beim Laufen. Ihre Motivation und Unterstützung haben meinen Läufen einen besonderen Wert gegeben und mich immer wieder angespornt. Ich bin dankbar, solch tolle Menschen in meinem Leben zu haben, die mich auf meinem Laufweg begleitet haben.

*Erstellung und Gestaltung wurden
mithilfe von WriteControl vorgenommen*